EM OBRAS

Os trabalhadores da
cidade de São Paulo
entre 1775 e 1809

CONSELHO EDITORIAL

Ana Paula Torres Megiani
Eunice Ostrensky
Haroldo Ceravolo Sereza
Joana Monteleone
Maria Luiza Ferreira de Oliveira
Ruy Braga

EM OBRAS

Os trabalhadores da cidade de São Paulo entre 1775 e 1809

Amália Cristovão dos Santos

Copyright © 2015 Amália Cristovão dos Santos

Grafia atualizada segundo o Acordo Ortográfico da Língua Portuguesa de 1990, que entrou em vigor no Brasil em 2009.

Edição: Haroldo Ceravolo Sereza
Editora assistente: Camila Hama
Projeto gráfico, capa e diagramação: Cristina Terada Tamada
Assistente acadêmica: Bruna Marques
Revisão: Camila Berto

Imagem da capa: Recibo de execução de uma grade da Cadeia da cidade, assinado por José da Silva. São Paulo, 7 de maio de 1790. Fonte: Arquivo Municipal Washington Luís, seção de Manuscritos Avulsos, "Fundo da Câmara Municipal de São Paulo", caixa 42.

Esta edição contou com o apoio da Fapesp.

CIP-BRASIL. CATALOGAÇÃO-NA-FONTE
SINDICATO NACIONAL DOS EDITORES DE LIVROS, RJ

S233e

Santos, Amália Cristovão dos
EM OBRAS : OS TRABALHADORES DA CIDADE DE SÃO PAULO ENTRE 1775 E 1809
Amália Cristovão dos Santos. - 1. ed.
São Paulo : Alameda, 2015.
232 p. : il. ; 23 cm.

Inclui bibliografia e índice
ISBN 978-85-7939-355-6

1. Urbanização - São Paulo (SP) - História. 2. Política urbana - São Paulo (SP) - História I. Título

15-26726   CDD: 307.7609816
                      CDU: 316.334.5(815.6)

ALAMEDA CASA EDITORIAL
Rua Treze de Maio, 353 – Bela Vista
CEP 01327-000 – São Paulo – SP
Tel. (11) 3012-2403
www.alamedaeditorial.com.br

*Aos trabalhadores do Brasil colonial.
Às Marias e aos Antônios, daqui e de lá.*

Sumário

Prefácio 17

Apresentação 23
A CIDADE DE SÃO PAULO E OS TRABALHADORES: QUESTÃO INICIAL 25
OBJETO E OBJETIVOS DE ESTUDO 28
ORIGENS E DESENVOLVIMENTO DO TRABALHO 30
DESCRIÇÃO E USO DA DOCUMENTAÇÃO ORIGINAL E PUBLICADA 32
CONTEÚDO E ARTICULAÇÃO DOS CAPÍTULOS 39

Capítulo 1 43
O recorte tempo-espacial e as imagens da São Paulo colonial
SÃO PAULO COLONIAL: O PESO DA MISÉRIA 45
PONDERAÇÕES, OUTRAS VISÕES 53
DEFESA MILITAR E ATIVIDADES ECONÔMICAS: 65
AS COMUNICAÇÕES DA REDE PAULISTA
A CIDADE E A CAPITANIA, ENTRE 1775 E 1809 74

Capítulo 2 87
A atividade construtiva e o crescimento urbano
A ORGANIZAÇÃO DAS OBRAS PÚBLICAS 89
REGISTROS DAS OBRAS: FORMA E CONTEÚDO 92
A LOCALIZAÇÃO DAS OBRAS NA CIDADE 107
DETALHAMENTO DAS ATIVIDADES CONSTRUTIVAS 115
AS OBRAS COMO ARTICULAÇÃO ENTRE A POPULAÇÃO E O PODER PÚBLICO 145

Capítulo 3 153
Trabalhadores, demais habitantes e os espaços mobilizados pelas obras públicas

Os oficiais mecânicos 155

O significado dos ofícios para os trabalhadores 161

Atividade profissional e distinção social 170

A transmissão dos saberes mecânicos 173

O papel central e limitado das mulheres 178

Espaços públicos, espaços privados e a presença dos oficiais mecânicos 186

Revisão da conceituação do trabalho na São Paulo colonial 196

Apontamentos finais 201

Referências 209

Anexos 219

Agradecimentos 227

Lista de Figuras

Figura I	"Planta da Cidade de S. Paulo", de 1810, reproduzida a partir do material publicado pela Comissão do IV Centenário	36
Figura II	Mapa base feito a partir de recorte e vetorização da "Planta da Cidade de S. Paulo", de 1810	37
Figura 1.1	Mapa de rotas de transporte de bens e produtos que constam no censo de São Paulo de 1798	64
Figura 2.1	Recibo assinado pelo ferreiro Jacinto Correa dos Santos, mas não por ele redigido	95
Figura 2.2	Rubrica do mestre carpinteiro Salvador da Costa, em contraste com a caligrafia do redator do documento	96
Figura 2.3	Bilhete das obras na Praça do Curro, assinado por Joze de Miranda, morador do bairro de Embuaçava, próximo a Pinheiros	96
Figura 2.4	Recibo de pagamento do ferreiro Joze da Silva, por uma grade feita para a Cadeia	96
Figura 2.5	Assinatura em cruz do carpinteiro Joze Francisco, em bilhete cujas informações foram asseguradas por Anastacio Joze Mendes	97
Figura 2.6	Relação de despesas assinada por Joze Roiz de Almeida, a rogo de Joaquim Pires de Oliveira. Coube a Manoel dos Santos testemunhar o cumprimento do pedido	97
Figura 2.7	Comparação entre as caligrafias de Domingos Roiz Maia e do futuro brigadeiro Luiz Antonio de Souza	98

Figura 2.8	Recibos de serviços diversos feitos para a obra do Chafariz da Misericórdia	98
Figura 2.9	Recibo de Silvestre da Silva, referente a pagamentos por ele efetuados em nome da administração municipal	99
Figura 2.10	Lista de mantimentos e acessórios comprados para a alimentação dos presos que trabalhavam compulsoriamente nas obras do Chafariz	100
Figura 2.11	Lista de negros e carreiros participantes dos serviços de extração e condução de pedras	102
Figura 2.12	Rol de trabalhadores da obra da Ponte de Pinheiros	103
Figura 2.13	Rol de pedreiros empregados nas obras do Chafariz e munição para os trabalhadores compulsórios: na primeira linha, identificamos o mestre pedreiro Thebas	104
Figura 2.14	Emprego dos negros de Maria de Lara para as obras na Rua de São Bento	105
Figura 2.15	Escravos da mesma Maria de Lara, trabalhando nas obras da Ponte do Anhangabaú	106
Figura 2.16	Outra lista de trabalhadores da Ponte do Anhangabaú, em que novamente foram registrados os serviços dos cativos de Maria de Lara	106
Figura 2.17	Mapa de localização das obras estudadas, sobre a "Planta da Cidade de S. Paulo", de 1810	109
Figura 2.18	Indicação das chácaras encontradas dentro ou próximas aos limites da Cidade Nova e seus respectivos proprietários, sobre a "Planta da Cidade de S. Paulo", de 1810	112

Figura 2.19	Representação gráfica da tabela de cada categoria de trabalhadores da Ponte do Anhangabaú, por participação em semanas de obra	124
Figura 2.20	Análise gráfica da tabela contendo as listas de trabalhadores das obras da Cadeia	138
Figura 3.1	Mapa das ocupações distribuídas por ruas ou bairros, censo de 1776	164
Figura 3.2	Diagrama de ocupações, censo de 1798	169
Figura 3.3	Recibo assinado pelo mestre Thebas, referente a seus serviços e de seus escravos, em 1791	172
Figura 3.4	Outro recibo de pagamento dos trabalhos do mestre Thebas e de seu escravo João	172
Figura 3.5	Mapa com os trechos de maior ocorrência de filhos e agregados por fogo, censo de 1776	176
Figura 3.6	Mapa com a localização das ruas com maior concentração de mulheres como chefes de fogo, censo de 1776	181
Figura 3.7	Indicação das moradias dos oficiais mecânicos presentes na lista nominativa de 1776, suas mudanças em relação ao censo de 1794 e o local de moradia dos oficiais declarados no censo de 1798, sobre a "Planta da Cidade de S. Paulo", de 1810	189

Lista de Tabelas

Tabela 1.1	Dados de trânsito organizados por rota e produto, censo de 1798	59
Tabela 2.1	Remuneração dos trabalhadores da Ponte do Acu, 1799	130
Tabela 2.2	Participação de oficiais e serventes na Praça do Curro, 1794	134
Tabela 2.3	Ocorrências de oficiais e serventes por semana de trabalho na Praça do Curro, 1794	135
Tabela 2.4	Trabalhadores livres e escravos das obras na Cadeia, 1789 a 1791	136
Tabela 3.1	Dados gerais de população comparados, censos de 1776, 1794 e 1798	165
Tabela 3.2	Ofícios predominantes, censo de 1776	166
Tabela 3.3	Total de registros de ocupação, censo de 1798	167
Tabela 3.4	Mulheres como chefes de fogo, censo de 1776	179
Tabela 3.5	Habitantes com ofícios declarados, censos de 1776, 1794 e 1798	187
Tabela 3.6	Ocorrência de profissionais por trecho da cidade, censo de 1776	188
Tabela 3.7	Ofícios registrados nos documentos de obras	193
Tabela 3.8	Participação dos pedreiros nas obras	195
Tabela 3.9	Trabalhadores não ocasionais das obras	198

Abreviaturas

USP   Universidade de São Paulo

FAU   Faculdade de Arquitetura e Urbanismo

AHMWL   Arquivo Histórico Municipal Washington Luís

APESP   Arquivo Público do Estado de São Paulo

MP   Maços de População

FCMSP   Fundo da Câmara Municipal de São Paulo

Prefácio

Ao reconhecimento de São Paulo como uma dinâmica metrópole no tempo vivido, consolidaram-se imagens sobre o passado da cidade que a apresentam a partir das noções de marasmo e pobreza. A construção dessas interpretações não apenas aponta o café e a indústria como elementos transformadores, mas impõem uma leitura do período colonial como um tempo de isolamento. Esse "estar à margem" será, de acordo com essas leituras, essencial para o crescimento diferenciado da cidade e de sua área de influência a partir de finais do século XIX.

O trabalho produzido por Amália dos Santos insere-se em outras vertentes interpretativas, que ao longo das últimas décadas problematizam essa leitura da cidade, e contribui para a discussão com um texto fundamentado em documentação inédita sobre obras públicas realizadas na cidade no período de 1775 a 1809. Os documentos descobertos nas caixas não catalogadas do Arquivo Municipal Washington Luís são colocados em diálogo com a extensa bibliografia produzida sobre a cidade por estudiosos ou por viajantes e memorialistas. Desse diálogo resulta não só um texto escrito com precisão e clareza, mas mapas e tabelas construídos pela autora, que trazem uma São Paulo em tudo distinta da ideia de marasmo e pobreza. Mais do que isso, revelam uma cidade com dinâmicas que incluem grupos profissionais, compostos por trabalhadores livres e escravos com diversas qualificações, que vivem exclusivamente de suas lides urbanas.

Revelar São Paulo em finais do século XVIII como uma cidade em obras, com espaços marcados por disputas e posições sociais, com imbricações específicas entre a coisa pública e os interesses particulares e com uma complexidade de regimes de trabalho e qualificações profissionais é parte substantiva do que realiza Amália dos Santos em seu trabalho, originalmente dissertação de mestrado defendida na Faculdade de Arquitetura e Urbanismo da Universidade de São Paulo (FAU-USP) em 2013. A estrutura do trabalho permite ao leitor aproximar-se da discussão bibliográfica sobre a cidade e, a partir de recortes apropriados, compreendê-la na dupla dimensão de seu espaço e de sua população.

O título já indica ao leitor os muitos sentidos de aproximação e compreensão da cidade propostos pela autora. Obras que demonstram a existência de uma vida urbana com dinâmicas próprias, mas que também revelam a presença de um Estado atuante e de uma força de trabalho citadina. Para além do núcleo urbano, as obras revelam uma cidade que extrapola seu território, inserindo-se em uma rede urbana. Uma cidade em obras, em movimento, distinta das imagens da vila esquecida e isolada, imersa nos ritmos rurais.

A pesquisa documental lançou mão das atas da Câmara, da correspondência dos capitães-generais, dos maços de população e da cartografia. Mas, sobretudo, a autora localizou registros de obras públicas municipais. Em mais de 500 manuscritos, esse corpo documental permitiu reconhecer ofícios, organização dos canteiros e financiamento de obras, diversidade de situações de trabalho e de pagamento dos trabalhadores, articulação da cidade e seu território, para a realização das nove obras públicas analisadas. A própria existência desses empreendimentos e de suas relações entre espaço e população permitiu reconhecer uma cidade marcada por clivagens sociais, indicando a existência de espaços diferenciados de moradia, investimento de recursos e apropriação por grupos sociais. Os movimentos estabelecidos há 200 anos vêm sendo reiterados e reafirmados nas demarcações sociais dos espaços urbanos de São Paulo. Como afirma a autora, a localização das obras públicas era associada diretamente ao crescimento da cidade e à distinção social da população em sua ocupação. Desde então, as zonas oeste e sul configuram-se como vetores de apropriação das elites; reconhecemos a existência de ofícios e trabalhadores urbanos reunidos e espacializados na cidade; obras públicas são entretecidas a interesses particulares.

Nesses marcos de continuidade, a autora revela as dinâmicas próprias do tempo estudado. As formas de organização e execução das obras, por trabalho compulsório de homens livres, arrematação e obra a jornal; as relações entre trabalho livre e escravo; o papel das mulheres; ou, de forma sintética, o reconhecimento da existência de "uma população caracterizada por seu ofício". Nesse quadro analítico, a cidade emerge como lugar de conformação de campos profissionais e disputas sociais.

O uso preciso de fontes inéditas sobre obras públicas na cidade de São Paulo em finais do século XVIII, colocadas em diálogo com documentação bastante conhecida, já seria suficiente para impor a leitura do texto. Mas o que a autora produz é uma reflexão especializada: documentos cartográficos que permitem uma apreensão das dinâmicas urbanas indicadas pelos manuscritos históricos. O trabalho expressa em seus resultados quão instigantes e fundamentais são as pesquisas produzidas nas fronteiras disciplinares.

Ao dedicar seu mestrado "Aos trabalhadores do Brasil colonial", a autora informa ao leitor o ponto de vista assumido para reconhecer uma São Paulo em obras. Ao fim e ao cabo, emerge uma cidade que integra e transforma um vasto território, mas sobretudo que é construída por práticas e disputas cotidianas que configuram o espaço desigual da cidade e estabelecem redes hierárquicas de trabalho e trabalhadores.

Nos vários encontros de espaços e práticas sociais apresentados, construídos e analisados ao longo dos três capítulos, o leitor verá emergir uma cidade em tudo urbana e dinâmica, desafiadora e constituída por uma miríade de trabalhadores, a partir dos quais sua história pode e deve ser narrada.

Ana Lúcia Duarte Lanna

Apresentação

A CIDADE DE SÃO PAULO E OS TRABALHADORES: QUESTÃO INICIAL

Em sua passagem por São Paulo, no final de 1819, Auguste de Saint-Hilaire viu-se inesperadamente em contato com os artífices da cidade, ao realizar a encomenda de duas malas, necessárias para que pudesse prosseguir em seu trajeto. Apesar da ênfase nas descrições das atividades mercantes e rurais, o francês já havia se familiarizado com a presença desses trabalhadores, aos quais se referiu como "operários de diversas categorias".[1] Sua experiência como solicitante de seus serviços, no entanto, foi desanimadora. Não apenas marceneiros, mas também costureiras, alfaiates, sapateiros e outros seriam igualmente despreparados. Segundo o viajante, os habitantes teriam se acomodado ao baixo custo de vida, que tornava o trabalho pouco necessário para seu sustento e dificultava a imposição de um ritmo regular para as atividades. Ao receberem o pagamento de alguma encomenda, esses artífices não se punham a trabalhar – ao contrário, descansavam até o esgotamento do dinheiro.

Além disso, ao solicitar as malas, Saint-Hilaire foi informado de que o marceneiro precisaria de algum tempo para conseguir as madeiras para o serviço, o que levou o viajante a concluir que os trabalhadores, de modo geral, não dispunham de matéria-prima estocada, necessitando sempre de adiamento dos prazos combinados a cada nova encomenda. Para encontrar um marceneiro que tivesse material, o francês contou com a ajuda de um coronel da cidade. E mesmo o operário escolhido pelo coronel não foi capaz de cumprir o prometido e nem se constrangeu ao ser

---

1 SAINT-HILAIRE, Auguste de. *Viagem à província de São Paulo*. São Paulo: Livraria Martins Fontes; Editora da Universidade de São Paulo, 1972, p. 154.

confrontado. Nas palavras de Saint-Hilaire, "os brasileiros de classe subalterna escutavam, sorrindo, [...] mas não modificavam absolutamente sua conduta".[2]

As malas do viajante foram executadas apenas após nova intervenção, desta vez, de um general que ofereceu a outro marceneiro o "mais elevado preço" e colocou um soldado à porta de sua casa como forma de garantir o cumprimento do acordo. O viajante recriminou o que entendeu por "despotismo", mas considerou a medida justificável em vista da situação. Durante sua estadia, Saint-Hilaire circulou apenas entre as casas e chácaras dos habitantes mais ricos e politicamente dominantes da cidade – podemos supor que sua apreensão acerca do restante da população tenha sido, no mínimo, influenciada por seus anfitriões.[3]

Além da situação precária dos serviços, Saint-Hilaire afirma que a cidade, apesar de bonita e bem situada, não é "favorável ao comércio",[4] já que a serra dificulta a acessibilidade ao mercado europeu. Tomando suas anotações da escassez de atividades econômicas e da apatia de boa parte da população, não é de se espantar que as descrições do viajante acerca da vida cotidiana e do espaço urbano[5] pautem-se pelo esvaziamento. De acordo com seus relatos, apenas as missas e festas religiosas traziam alguma ocupação à cidade. John Mawe, que esteve em São Paulo entre 1807 e 1811, compartilhava dessa conclusão e não fez nenhuma menção ao uso habitual – por assim dizer – da cidade.[6]

---

[2] SAINT-HILAIRE, *op. cit*, p. 181.

[3] Paulo César Garcez Marins relaciona a forma como os viajantes europeus viam as cidades brasileiras, no século XIX, a uma "gramática comportamental burguesa" formada durante o mesmo século. Para o recorte analisado neste livro, entre 1775 e 1809, seria anacrônico apropriar-se de tal explicação – mas acreditamos que o período estudado seja embrionário dela, o que aponta para a essência das diferenças observadas nos relatos desses estrangeiros. MARINS, Paulo César Garcez. *Através da rótula: Sociedade e arquitetura no Brasil, séculos XVII a XX*. São Paulo: Humanitas; FFLCH-USP, 2001, p. 29.

[4] *Ibidem*, p.161.

[5] Ainda que não fosse termo corrente na documentação do período, usaremos "espaço" para tratar das áreas intraurbanas de forma geral.

[6] MAWE, John. *Viagens ao interior do Brasil*. São Paulo; Belo Horizonte: Edusp; Itatiaia, 1978, p. 72.

Quando as cidades e sua população passaram a ser objetos de ensaios e pesquisas históricas, os relatos de viagem e as memórias — entre eles, as obras mencionadas anteriormente — foram adotados como fontes privilegiadas, e certas descrições foram analisadas e repetidas diversas vezes, tornando-se icônicas. Affonso de E. Taunay dedica um capítulo completo de sua obra, *História da cidade de São Paulo*,[7] às descrições e aos relatos de viajantes e memorialistas que estiveram na cidade de São Paulo no final do século XVIII. A análise desse conjunto de apreciações sobre a população e seu modo de vida resulta, nas palavras do autor, na conclusão de que "tudo convidava os paulistas a viver no ócio, no repouso e na moleza".[8] Richard Morse, em cujas fontes encontram-se Spix e Martius,[9] Mawe e Saint-Hilaire, destaca o pequeno número de artesãos na São Paulo colonial, a raridade de moeda corrente — que limitava as possibilidades de pagamento de salários — e a pequena expressão de "vida citadina", em função da ocupação rarefeita da cidade, já que era costume comum que seus habitantes mantivessem-se, na maior parte do tempo, em suas "moradias rurais".[10]

As imagens criadas pela reprodução desses relatos não deixam de ser veiculadas em obras recentes, nas quais essas conclusões são essenciais para a afirmação de um desenvolvimento progressivo da capitania — posteriormente província e estado —, que resultaria na excelência de sua configuração contemporânea. É o caso de *Breve história do Estado de São Paulo*, de Marco Antonio Villa, em que as atividades econômicas na capitania paulista — entre elas as ocupações mecânicas — são descritas como pouco relevantes, no período colonial, o que se comprova pela constatação de que "a capitania era muito pobre e irrelevante economicamente, se compa-

---

7 TAUNAY, Affonso de E. *História da cidade de São Paulo*. São Paulo: Edições Melhoramentos, 1953, v. 2, parte 1, cap. VII, p. 87-99.
8 *Ibidem*, p. 99.
9 J. B. von Spix e C. F. P. von Martius estiveram na cidade entre os anos de 1817 e 1819. SPIX, J. B. von; MARTIUS, C. F. P. Von. *Viagem pelo Brasil*. Rio de Janeiro: Imprensa Nacional, 1938.
10 MORSE, Richard M., *Formação histórica de São Paulo: De comunidade a metrópole*. São Paulo: Difusão Europeia do Livro, 1970, p. 30-33.

rada ao Nordeste açucareiro".[11] O trabalho mecânico tem pouco ou nenhum destaque, antes da instalação das indústrias, impulsionada pelas rendas da exportação do café.

Essas teses consolidam imagens de uma São Paulo colonial estagnada, desvinculada do restante da colônia e precária no modo de vida de sua população, que seria composta pela elite da terra, pelas mulheres deixadas por seus maridos – exploradores do sertão – e pelos errantes que vagavam na cidade e em suas redondezas. No entanto, os estudos realizados principalmente a partir da década de 1970, que questionam essa visão (dos quais trataremos sobretudo no Capítulo 1), abrem a perspectiva de uma nova problematização das fontes originais, que nos permite apreender, de forma mais complexa, a cidade e seus moradores. Esses trabalhos circunscrevem especificamente uma porção do território ou um grupo social – ao invés de tomar a totalidade da colônia e seus habitantes, como nas obras anteriores –, de modo que suas questões e conclusões são, em princípio, relativas apenas aos recortes estudados. Esse tipo de pesquisa pode resultar, a um só tempo, na complementação da historiografia que a precedeu e na revisão de suas teorias. Partindo dessa proposta, desenvolvemos o trabalho apresentado a seguir.

Objeto e objetivos de estudo

Como forma de contribuir para uma leitura das relações sociais e da construção do espaço urbano, tomamos como objeto de estudo as obras públicas realizadas na cidade de São Paulo entre 1775 e 1809 e registradas nos documentos de receitas e despesas da Câmara. As obras públicas permitem apreender tanto os processos de decisão da Câmara quanto as atividades econômicas necessárias à sua realização – que agregavam diferentes grupos da população –, além de serem diretamente relacionadas à construção e à ocupação da cidade. No período em questão, a atividade construtiva dentro dos limites da cidade estava em destaque por ser um dos desdobramentos da articulação entre as ações de defesa militar das

---

11 VILLA, Marco Antonio. *Breve história do estado de São Paulo*. São Paulo: Imprensa Oficial, 2010, p. 34.

fronteiras ao sul da colônia e as empreitadas de exploração econômica dos sertões, que buscavam fortalecer a povoação dessa região e arrecadar fundos para a remuneração das tropas.

A partir da análise dessas nove obras e de seus participantes, detalhamos as formas de organização e execução de obras públicas nesse período, as diferentes funções desempenhadas pelos envolvidos e as atividades construtivas no canteiro. Esse aprofundamento mostrou que as obras públicas tinham estreita relação com a expansão da cidade, que, por sua vez, não pode ser entendida sem levarmos em consideração a diferenciação social e econômica da população, que se materializava nas distinções entre as áreas ocupadas e na maior ou menor presença da administração pública em cada uma delas.

Havia duas escalas espaciais em que operavam os processos que configuravam a ocorrência das obras, sobre as quais nos debruçaremos ao longo dos capítulos seguintes. Em primeiro lugar, temos a rede de localidades formada pelo trânsito de mercadorias, produtos agrícolas, gado e pessoas, que tinha a cidade de São Paulo como ponto central de articulação. As chegadas e partidas de tropas cruzavam a área urbana e os subúrbios, estabelecendo eixos de ocupação e regiões de especial interesse para os moradores e a Câmara – criava-se assim, na cidade, a valorização de certas áreas em detrimento de outras. A segunda escala diz respeito aos espaços da cidade, para além do canteiro, em que se sobrepunham funções que hoje diríamos públicas e privadas, em meio à realização de etapas indispensáveis para a execução das obras. Nas casas – em que residiam familiares, agregados e escravos –, dava-se parte da transmissão dos saberes necessários à prática construtiva; na Câmara, os processos decisórios colocavam a elite local em posição privilegiada de domínio sobre o espaço urbano.

Ao delinear a totalidade desses processos nos diferentes espaços em que se davam, fica evidente a relevância dos *trabalhadores*, na São Paulo colonial. Quase todos os envolvidos nas obras públicas podem ser assim designados – e são, de fato, nos documentos originais. O que apontaremos a seguir é que não se trata apenas de uma escolha de palavras, mas da verdadeira presença desses habitantes, absortos em atividades regulares, de tal forma que se configura um campo profissional, independente da participação individual dos mesmos. Como veremos, a constituição desse grupo de trabalhadores e a conformação de tal campo profissional são movimentos interdependentes.

Dessa forma, o estudo de São Paulo entre 1775 e 1809 trouxe à tona uma cidade cujas formas de manutenção e expansão da área ocupada e a presença expressiva de profissionais que viabilizavam tais processos não deixam dúvidas sobre o caráter urbano das relações sociais e econômicas de sua população. O modo de organização das atividades no canteiro e o crescimento urbano relacionado aos interesses econômicos de sua elite aproximam essa São Paulo da cidade atual, ao mesmo tempo em que a diferenciação entre espaços públicos e privados, o peso das atividades de subsistência, as formas de aprendizagem e a escala das intervenções no território marcam-na como uma cidade em seu tempo. A apreensão de sua totalidade, portanto, só pode se dar por meio da conjugação dessas duas dimensões de seu funcionamento.

Origens e desenvolvimento do trabalho

O propósito inicial da pesquisa que ora apresentamos neste livro era dar continuidade ao Trabalho Final de Graduação, apresentado à Faculdade de Arquitetura e Urbanismo da Universidade de São Paulo em novembro de 2008, intitulado "A olonização e as idades à brasileira: Aspectos sociológicos da urbanização". Tratava-se de um exame bibliográfico de obras de Sérgio Buarque de Holanda, Gilberto Freyre e Manoel Bonfim,[12] em que buscamos compreender o modo de vida nas cidades do Brasil colônia, a partir do que seriam seus elementos formadores, segundo esses autores. A monografia final era estruturada em três partes: a

---

12 BOMFIM, Manoel. *A América Latina: Males de Origem*. Rio de Janeiro: Topbooks, 1993. _____. *O Brasil na América: Caracterização da formação brasileira*. Rio de Janeiro: Topbooks, 1997. FREYRE, Gilberto. *Casa-grande & senzala*: Formação da família brasileira sob o regime da economia patriarcal. São Paulo: Global, 2006. _____. *Ordem e progresso*. São Paulo: Global, 2006. _____. *Sobrados e cucambos: Decadência do patriarcado e desenvolvimento do urbano*. São Paulo: Global, 2006. HOLANDA, Sérgio Buarque de. *Raízes do Brasil*. São Paulo: Companhia das Letras, 1995.

ocupação do território, a legislação e os indivíduos. Desses eixos, tomamos o espaço e a população como dois campos de pesquisa que, ainda que pudessem ser discutidos de forma autônoma, eram essencialmente complementares.

Ao final desse trabalho, ficou patente a necessidade de aprofundar os estudos acerca do que denominamos "camadas médias" ou "grupos médios" da população e seu espaço, uma vez que a bibliografia principal concentrava-se na dicotomia entre senhores e escravos, afastando as análises do ambiente urbano. Ressaltamos que o termo "urbano" não é usado aqui em oposição a "rural", mas como forma de indicar o espaço específico da análise.

Para articular as duas direções pesquisadas – as camadas médias e o desenvolvimento da cidade –, abordamos os temas de estudo a partir de diferentes campos de conhecimento, de modo a construir o tipo de análise a ser conduzida. Sociologia, urbanismo, história social, história econômica e demografia histórica formaram a base das disciplinas envolvidas na conformação do estudo contido neste livro. Cada uma delas trouxe referências bibliográficas próprias e teve seu papel na análise de algumas das fontes documentais que utilizamos: as *Cartas de datas de terras*, com as quais apreendemos elementos do processo de ocupação da cidade; os recenseamentos, utilizados para o estudo da população em geral e de alguns habitantes específicos; e as atas das reuniões da Câmara de São Paulo, em que constam debates importantes acerca da atuação da administração pública sobre o território.

O primeiro desenvolvimento da pesquisa teve como fonte principal – que articulava a leitura das fontes citadas anteriormente – os registros das obras de construção da Praça do Curro (atual Praça da República), em que constavam os nomes de carpinteiros e outros participantes dessa atividade entre os anos de 1792 e 1794. Esses documentos permitiam circunscrever um pequeno grupo da população e examinar exclusivamente uma circunstância relativa ao crescimento da cidade, mas apontavam, pela primeira vez, para a impossibilidade de manter a análise restrita às camadas médias, uma vez que, nesses registros, havia trabalhadores e membros da elite igualmente envolvidos, ainda que executassem diferentes funções.

Descobrimos que esse tipo de registro não era excepcional. Em verdade, há um vasto conjunto de documentos de obras públicas (que será detalhado no item seguinte), produzido e conservado pela Câmara – e atualmente contido no Arquivo Histórico Municipal Washington Luís, em São Paulo. Com a análise das fontes selecionadas, foi possível evidenciar a articulação entre a população, de modo geral, e os processos de construção e ocupação da cidade. Além disso, deixamos de encarar as obras públicas como uma espécie de estudo de caso excepcional, por conta da recorrência verificada nos registros, e concluímos que sua regularidade estava diretamente associada aos interesses da administração colonial e refletia disputas no território urbano.

Descrição e uso da documentação original e publicada

As principais fontes documentais mobilizadas por este trabalho são as *Actas da Câmara da cidade de São Paulo*,[13] as *Cartas de datas de terras*,[14] os recenseamentos da população e os registros de obras contidos nos documentos de receitas e despesas da mesma Câmara. As duas primeiras coleções encontram-se transcritas e publicadas, sendo de fácil acesso ao pesquisador, enquanto o terceiro conjunto só pode ser pesquisado diretamente no acervo que o contém.

As *Cartas* são as certidões de petição e concessão de sesmarias registradas pela Câmara de São Paulo desde o início do século XVII. A Câmara anota os pedidos de chão em seu *Livro de atas* até 1583, quando é criado o *Livro de registros* onde esses documentos passam a ser inseridos, exclusivamente. Essa documentação permite-nos mapear as áreas para as quais a ocupação da cidade se expande, além de fornecer dados sobre as dimensões das terras concedidas e os respectivos requerentes. Com os dados consultados, identificamos as diferenças entre cada parte da cidade e concluímos que, no final do período colonial, a ocupação não era homogênea.

O acompanhamento das atividades de obras, por meio das *Actas*, e do processo de expansão da cidade, a partir das *Cartas de datas*, teve sua análise potencializada pelo estudo dos documentos de receitas e despesas da Câmara, referentes às obras públicas municipais, contidos no "Fundo da Câmara Municipal de São

---

13 PREFEITURA DO MUNICÍPIO DE SÃO PAULO. *Actas da Câmara da cidade de São Paulo*. São Paulo: Tipografia Piratininga, a partir de 1915.

14 Idem. *Cartas de datas de terras*. São Paulo: Est. Graph. Cruzeiro do Sul, 1937-1940, v. I-XIX.

Paulo", no Arquivo Histórico Municipal Washington Luís (AHMWL).[15] Tais documentos trazem detalhamentos acerca das formas de organização e realização das obras, bem como a identificação de grande parte dos envolvidos. São documentos manuscritos inéditos, datados desde o início do século XVIII até o final do século XIX, que permitem aprofundar o entendimento sobre as obras em São Paulo nesse período – indo além da mera enumeração de suas ocorrências –, e descortinar as relações profissionais que permeiam a atividade. Os manuscritos dividem-se em cartas, bilhetes, ofícios, listas nominais, recibos e relatórios de despesas, sendo que a maioria deles encontra-se em ótimo estado de conservação, permitindo a transcrição sem grandes empecilhos.

Para o refinamento da leitura e do uso dessas fontes, contamos com o guia *Paleografia e fontes do período colonial brasileiro*.[16] Seguindo suas indicações, buscamos conservar os nomes próprios de habitantes da cidade da forma mais similar à encontrada, em função do aparecimento dos mesmos indivíduos em circunstâncias diferentes. Qualquer alteração nos nomes poderia resultar na perda de informações importantes para o encontro das correspondências em documentos diversos. Para as localidades, no entanto, atualizamos as nomenclaturas, tendo em vista as possibilidades de relacioná-las às denominações atuais, facilitando seu reconhecimento.

Após serem fotografados, os cerca de 500 documentos coligidos foram transcritos e separados por obra, por meio do uso dos *softwares* Microsoft Office

---

15 Esse conjunto está distribuído em cinco caixas diferentes, de modo que não configuram um grupo específico na organização do acervo. Por esse motivo, foi preciso levantar os conteúdos de cada caixa dessa série e destacar apenas os registros de obras e demais documentos referentes às mesmas. Consultamos as caixas de números 28, 37, 41, 42 e 43, que serão referenciadas nos próximos capítulos como FCMSP-28, FCMSP-37 e assim por diante. Arquivo Municipal Washington Luís, seção de Manuscritos avulsos, "Fundo da Câmara Municipal de São Paulo", cx. 28, 37, 41, 42 e 43.

16 O guia, de autoria da historiadora Eni de Mesquita Samara, foi publicado pelos Estudos CEDHAL (publicação do Centro de Estudos de Demografia Histórica da América Latina da Faculdade de Filosofia, Letras e Ciências Humanas da Universidade de São Paulo, FFLCH-USP). SAMARA, Eni de Mesquisa. *Paleografia e fontes do período colonial brasileiro*. São Paulo: Humanitas; FFLCH-USP, 2005.

Word® e Microsoft Office Excel®. A transposição desses documentos da simples transcrição para as planilhas foi possível – e mesmo necessária – já que grande parte do material constitui-se das listas com os nomes dos trabalhadores de cada obra e, em menor número, dos recibos de serviços, materiais e alimentos. As tabelas possuem uma linha para cada trabalhador citado e, nas colunas, o conteúdo de cada documento, ou seja, a data em que foi emitido o rol, o número de dias trabalhados e a remuneração total de cada habitante. No segundo capítulo, utilizamos duas dessas tabelas, modificadas para indicarem apenas a presença dos trabalhadores nas obras. Por ora, destacaremos que esse procedimento permitiu visualizar a frequência de participação desses habitantes, bem como observar seus trabalhos ao longo do tempo, individualmente ou em grupos de mesma função (carpinteiros, pedreiros e assim por diante).[17]

Para aprofundar as análises acerca dos participantes de obras, usamos as listas nominativas de São Paulo, dos anos de 1776, 1794 e 1798, e o censo de Santana, de 1786, que podem ser encontradas no site do Arquivo Público do Estado de São Paulo (APESP), em cujo acervo encontram-se os documentos originais: "Lista geral detodo o Povo desta Cidade, eseus Suburbios, asim homens, Como mulheres, Velhos, mossos emininos, tudo comsuas idades, Oficios, ebeneficios, como nodiscurso desta severa", censo de 1776; "Lista da 1ª Comp.a da Ordenança da Cidade de Sam Paulo. O 1º de Janeiro de 1795. Lista das pessoas, efogos, que contém a 1º comp.a da Ordenança desta Cidade de Sam Paulo dequehe Cap.m Joze Mendes da Costa" e "Lista da 2ª Companhia das Ordenanças desta Cidade de Sam Paulo deque hé Cap.m João Gomes Guimaraens do Anno de 1794", censo de 1794; "Mapa geral dos habitantes que existem no distrito da primeira Companhia de Ordenanças desta cidade de São Paulo no ano de 1798: suas ocupações, empregos e gêneros que cultivam ou que negociam", censo de 1798; e "Lista geral de todas as gentes da Ordenança do Bayrro de S. Anna de que hé Capp.m Jozé Antonio da S.a dada no pr.o de Janr.o de 1787", censo de 1786

---

17 O detalhamento dessa documentação será apresentado no Capítulo 2, uma vez que os próprios manuscritos contêm elementos indispensáveis à apreensão da atividade de obras públicas, que serão debatidos no mesmo capítulo.

do bairro de Santana.[18] Cada censo foi transcrito e tabulado, utilizando os *softwares* supracitados, a fim de buscar o máximo de padronização entre eles, permitindo a localização de habitantes em listas diferentes e a comparação de características gerais e específicas da população, ao longo do período estudado.

A interpretação dos dados e das informações de cada uma das fontes mencionadas foi integralmente articulada às questões referentes ao processo de ocupação da cidade, desde o espaço de sua concentração principal até seus subúrbios e freguesias distantes. Por esse motivo, foi indispensável a utilização de uma planta que contivesse informações referentes ao período estudado. O primeiro mapa da cidade de São Paulo de que dispomos é a "Planta da Cidade de S. Paulo", de 1810, posterior portanto ao período em questão. Conforme esperado, essa cartografia contém ruas e porções da cidade que não tinham ocupação significativa anteriormente, ou nem sequer eram arruadas, e que foram descartadas na construção da base cartográfica aqui apresentada.

Em informativo do Arquivo Histórico Municipal, consta menção à publicação de dois desenhos anteriores, "uma planta, sumária, datada do século XVII e outra, muito precisa, do século XVIII", sem maiores referências. Optamos por trabalhar com a planta de 1810, por ser amplamente conhecida e divulgada. A versão usada como base é reprodução daquela publicada pela Comissão do IV Centenário, em 1954,[19] e que apresentamos na Figura I.

---

18 No Capítulo 3, examinaremos a execução das listas nominativas do período, bem como as particularidades dos censos arrolados em nossas pesquisas. Os censos serão referenciados, ao longo deste livro, pelas respectivas datas, ou seja, MP-1776, MP-1794 e assim por diante. Arquivo Público do Estado de São Paulo, série "Maços de população". Disponível em: <http://www.arquivoestado.sp.gov.br/viver/recenseando.php>. Acesso em: 21 Jan. 2013.

19 PREFEITURA DO MUNICÍPIO DE SÃO PAULO. *IV Centenário da fundação da cidade de São Paulo*. São Paulo: Prefeitura do Município de São Paulo, 1954.

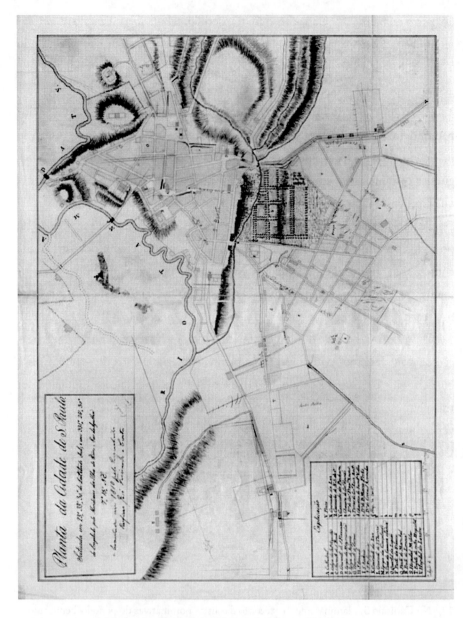

Figura I – *"Planta da Cidade de S. Paulo", de 1810, reproduzida a partir do material publicado pela Comissão do IV Centenário*

Em Obras 37

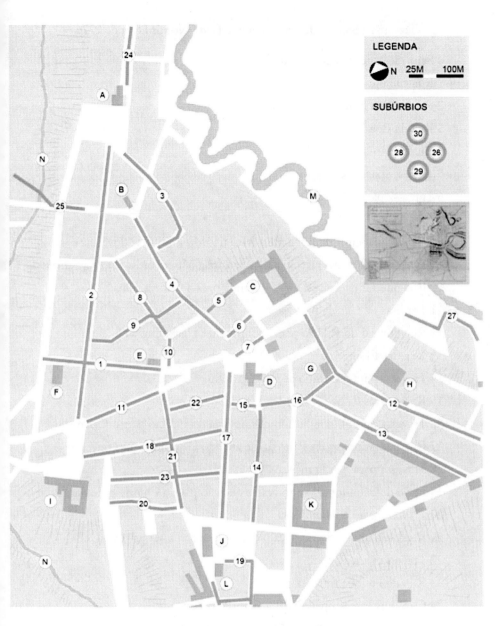

Figura II – Mapa base feito a partir de recorte e vetorização da "Planta da Cidade de S. Paulo", de 1810

Trechos e bairros de acordo com a Lista Nominativa de 1776

0 Sem identificação de localidade
1 Rua Direita
2 Rua de São Bento
3 Rua da Boa Vista
4 Rua do Rosário
5 Travessa para o Colégio
6 Travessa para o Palácio
7 Pátio da Sé
8 Rua que principia da Lapa até a Misericórdia com suas travessas
9 Travessa da Rua que principia da Lapa até a Misericórdia com suas travessas
10 Rua que vai da Travessa da Quitanda para a Cadeia velha
11 Travessa da Cadeia para Santo Antônio até o Aniceto
12 Rua que vai do Palácio para o Carmo até a Tabatinguera
13 Rua das Flores
14 Travessa para o Campo de São Gonçalo
15 Rua de trás da Sé
16 Travessa do Pátio da Sé a findar na Rua do Palácio para o Carmo
17 Rua que principia do Pátio da Sé até São Gonçalo e suas travessas
18 Travessa para São Francisco
19 Pátio de São Gonçalo e travessas que vão para o Caminho de Santos
20 Travessa para o Pelourinho
21 Rua do Pátio de São Gonçalo que desce para a Misericórdia
22 Travessa para a Sé
23 Rua da Freira e travessa
24 Caminho que vai para Nossa Senhora da Luz
25 Caminho para Santa Efigênia
26 Bairro do Pari
27 Várzea do Carmo
28 Bairro dos Pinheiros
29 Emboaçava
30 Bairro de Pacaembu

Edificações e rios de acordo com a "Planta da Cidade de S. Paulo", de 1810

A Convento de São Bento
B Igreja do Rosário
C Colégio dos Jesuítas (Palácio do Governo)
D Catedral da Sé
E Igreja da Misericórdia
F Igreja de Santo Antonio
G Igreja de Santa Teresa
H Convento do Carmo
I Convento de São Francisco
J Casa de Câmara e Cadeia
K Quartel da Legião
L Igreja de São Gonçalo
M Rio Tamanduateí
N Rio Anhangabaú

Na Figura II, apresentamos o mapa produzido a partir da vetorização da "Planta da Cidade de S. Paulo", em que privilegiamos o traçado das ruas, a indicação das edificações e os elementos naturais (rios e morros). A manipulação e o tratamento desse desenho foram feitos com os *softwares* Autodesk AutoCAD® e Adobe Illustrator®. Nos capítulos seguintes, utilizaremos as duas bases de representação – original com intervenções e vetorizada. O uso do original é valorizado a partir da leitura feita após a manipulação eletrônica dessa base.

Conteúdo e articulação dos capítulos

O primeiro capítulo, "O recorte tempo-espacial e as imagens da São Paulo colonial", apresenta e justifica o objeto de estudo por meio da revisão dos retratos de pobreza e isolamento da cidade de São Paulo, construídos desde o final do século XIX até as primeiras décadas do século XX. Destacamos as obras de Ernani Silva Bruno, Paulo Prado e Richard Morse[20] como trabalhos de escopos diversos que se pautam pela mesma ideia de que, no período colonial, a capitania paulista encontrava-se em condições precárias, que só seriam revertidas com as rendas da agroexportação do café e, posteriormente, com a industrialização.

Tomamos o conceito de "equilíbrio vital", utilizado por Sérgio Buarque de Holanda,[21] para desfazer-nos da noção de um suposto desenvolvimento progressivo de São Paulo e compreender os movimentos periódicos que geraram, aos poucos, a consolidação da ocupação da capitania. Até mesmo a proteção militar e a exploração econômica dos sertões tiveram momentos de maior intensidade, como é o caso dos anos entre 1775 e 1809. Cada atividade – fosse ela econômica, militar ou de arregimentação da população – mobilizava partes da população e do território, criando uma rede em que a cidade de São Paulo era o ponto de articulação central. Além de tomar a teoria de Holanda como um dos fundamentos de nosso trabalho, buscamos expandir suas conclusões, apresentando o mapa de configuração dessa rede, no ano de 1798, a partir dos dados de transações comerciais e financeiras, contidos no censo do mesmo ano.

Uma vez desfeitas as imagens de precariedade absoluta do modo de vida na cidade de São Paulo, o Capítulo 2, "A atividade construtiva e o crescimento urbano", concentra-se no detalhamento e análise dos registros camarários de obras públicas. Suas informações permitem não apenas compreender as etapas de solicitação, organização e execução de obras, como também apontam questões de interesse para a bibliografia que trata da atividade construtiva no Brasil colônia. É possível precisar formas e ritmos de trabalho, além de identificar os participantes de obras, por meio do cotejamento entre a fonte documental supracitada e os recenseamentos do período. O entendimento dos processos e significados das obras públicas é aprofundado com a análise da distinção entre os tipos de ocupação que

---

20 BRUNO, Ernani Silva. *História e tradições da cidade de São Paulo: Volume I – Arraial de sertanistas (1554-1828)*. São Paulo: Editora Hucitec, 1991. PRADO, Paulo. *Paulística etc.* São Paulo: Companhia das Letras, 2004. MORSE, Richard M., *Formação Histórica de São Paulo: de comunidade a metrópole. op. cit.*

21 HOLANDA, Sérgio Buarque de. "Movimentos da população em São Paulo no século XVIII". *Revista do Instituto de Estudos Brasileiros*, São Paulo, v. 1, p. 55-111, 1966.

ocorriam em áreas diferentes da cidade. Por meio dos dados – sobre requerentes, localização e dimensões das terras – contidos nas solicitações de chãos registradas nas *Cartas de datas de terras*, fica patente a heterogeneidade entre as regiões ocupadas ou em processo de ocupação.

No segundo capítulo, são apresentados vários participantes de obras, de funções diversas – desde mulheres que alugavam seus escravos até os oficiais mecânicos indicados reconhecidos como tais. Para além dessa apresentação e da descrição das atividades de cada habitante, o Capítulo 3, "Trabalhadores, demais habitantes e os espaços mobilizados pelas obras públicas", consiste numa análise da participação de cada grupo de habitantes – a saber, mulheres, escravos, oficiais de ocupações variadas, camarários e outros – bem como dos espaços da cidade, entre públicos e privados, onde as funções de cada grupo se davam e onde ocorria o encontro entre habitantes de grupos distintos. Cada parte desse exame, como veremos, continha elementos definidores da forma de ocupação da cidade. No capítulo de "Apontamentos finais", retomamos as principais questões apresentadas ao longo do texto e as respectivas elucidações que estabelecemos por meio de nossa pesquisa.

CAPÍTULO 1

O recorte tempo-espacial e as imagens da São Paulo colonial

Para introduzir os temas de que tratamos – a São Paulo de fim do setecentos e os trabalhadores de obras públicas –, faremos, no primeiro capítulo, uma discussão pautada pela produção historiográfica e pelo uso das fontes primárias na caracterização da cidade. Nossa interpretação alinha-se às obras que evitam, por um lado, as descrições de pobreza e isolamento e, por outro, de uma suposta excepcionalidade da população da capitania paulista. Ao invés de posicionarmo-nos sob esses parâmetros, investigamos as características próprias da cidade, dentro das quais esses atributos eventualmente enquadram-se.

Dentro dessa discussão, apresentaremos e discutiremos o recorte temporal adotado e sua relação com o objeto de estudo, de modo a pautar as análises das obras públicas do período e de seus participantes, que se desenvolverão nos capítulos seguintes.

São Paulo colonial: o peso da miséria

O cultivo e a exportação de cana-de-açúcar e, pouco depois, de café, na capitania de São Paulo, inseriram a sua capital no mercado internacional que envolvia a Europa, as Américas e a Ásia. Esse é, para grande parte da historiografia "paulística",[1] o ponto de inflexão que libertou São Paulo dos séculos de "marasmo", "isolamento", "pobreza" e "decadência" – entendimento do qual discordamos.

No capítulo "A construção das imagens",[2] da obra *A trama das tensões: o processo de mercantilização de São Paulo colonial (1681-1721)*, Ilana Blaj tece um balanço crítico que apresenta e contra-argumenta os principais predicados usados

---

1   BLAJ, Ilana. *A trama das tensões: O processo de mercantilização de São Paulo colonial (1681-1721)*. São Paulo: Humanitas; Fapesp, 2002, p. 54.

2   *Ibidem*, p. 39-85.

na caracterização do passado colonial paulista. Ela aponta os momentos centrais que teriam marcado a produção historiográfica sobre São Paulo, identificando os atributos dados à capitania, à vila e a seus habitantes, bem como os autores que os veicularam ou reproduziram em suas obras.

Grosso modo, os conceitos listados no primeiro parágrafo desse item foram criados na Primeira República – associados, em grande parte, à produção do Instituto Histórico e Geográfico de São Paulo – e cristalizados até a década de 1970, sendo ainda usados em pesquisas contemporâneas, como veremos a seguir. Inicialmente, a ideia da "raça de gigantes",[3] isolada e autônoma, buscava justificar a liderança que o estado de São Paulo pretendia para si na nova conjuntura que se formava. A década de 1950, por sua vez, foi um momento de análises desenvolvimentistas, que centravam as atenções no nordeste açucareiro, que seria o espaço originário do "ponto de estrangulamento"[4] do crescimento econômico do país. A figura da capitania de São Paulo entra em cena apenas no tocante às atividades de abastecimento das regiões produtoras; nas palavras de Blaj, ela é vista "de viés".[5] A diminuição dos estudos específicos sobre São Paulo só faz reforçar as imagens construídas em momentos anteriores.

Tratando dos primeiros dois séculos de colonização, diz Alcântara Machado[6] que as entradas resultaram no frequente esvaziamento da vila. "A vila se despovoa, *despojada pelos moradores serem idos ao sertão*, no dizer de uma ata edilícia de 1623. Em 1602 há que eleger substitutos para os oficiais da Câmara, *por se irem todos os mais fora*."[7] De jovens a velhos, toda a população que não tem "moléstias" ou "con-

---

3   Expressão originalmente encontrada nos relatos de viagem de Auguste de Saint-Hilaire e apropriada por Alfredo Ellis Jr., como significante da superioridade física dos paulistas. Ver: SAINT-HILAIRE, Auguste de. *Viagem à Província de São Paulo*. São Paulo: Livraria Martins Fontes; Editora da Universidade de São Paulo, 1972.
4   BLAJ, *op. cit.*, p. 74.
5   *Ibidem*, p. 66.
6   MACHADO, Alcântara. *Vida e morte do bandeirante*. São Paulo; Belo Horizonte: Editora da Universidade de São Paulo; Itatiaia, 1980.
7   *Ibidem*, p. 234 [grifos do autor].

dição de sexo"[8] foi lançada ao interior, na busca por indígenas. A vila era abandonada às mulheres, às crianças e aos inválidos, de modo que "À míngua de quem as conserve, pontes e estradas se arruínam".[9] Para Ernani Silva Bruno, as entradas enfraqueceram a vila, com o passar do tempo; no decorrer do século XVII, a intensidade do fenômeno aumenta, levando a capitania a um "visível [...] empobrecimento",[10] e a vila permanecia condenada à estagnação econômica e demográfica. Até a criação da Academia de Direito, instalada no convento franciscano, em 1828, "São Paulo não era por isso propriamente [...] uma cidade *no sentido europeu dessa palavra*".[11]

A trilogia de Bruno, dentro da qual se insere o volume supracitado, foi criada por iniciativa da *Comissão* do *IV centenário* da Cidade de *São Paulo*. Inicialmente, o autor – nascido em Curitiba e bacharelado pela Faculdade de Direito – havia escrito apenas o atual segundo volume, cujo subtítulo é"Burgo de Estudantes (1828-1872)".[12]Quando solicitado pela Comissão, organizou rapidamente os outros dois volumes, com a mesma estrutura do texto original, completando a cronologia paulistana. A criação da Academia é, portanto, um marco ainda mais significativo para Bruno, sendo ordenador de sua análise.

A recompensa ao sacrifício do potencial urbano – que só seria realizado após a fundação da Academia de Direito, segundo Bruno – foi o incremento das fortunas dos bandeirantes descritos por Machado. Incremento parco, no entanto, se comparado – como faz o mesmo autor – às condições de vida e às riquezas dos senhores de engenho do norte açucareiro, no mesmo período. Opondo-se a Oliveira Vianna, o autor rejeita a ideia dos paulistas como "homens *muito grossos* de

---

8   As caravanas eram formadas por homens, em idade e condições de saúde suficientes para o trabalho. MACHADO, Alcântara, p. 235.

9   *Ibidem*, p. 234.

10 BRUNO, Ernani Silva. *História e tradições da cidade de São Paulo: Volume I – Arraial de sertanistas (1554-1828)*. São Paulo: Editora Hucitec, 1991a, p. 80-82.

11 *Ibidem*, p. 96 [grifos nossos].

12 *Idem. História e tradições da cidade de São Paulo: Volume 2 – Burgo de estudantes (1828-1872)*. São Paulo: Editora Hucitec, 1991b.

haveres e muito finos de maneiras, opulentos e cultos, vivendo à lei da nobreza numa atmosfera de elegância e fausto".[13] Ainda que seja preciso ponderar sobre a subavaliação de terras e escravos indígenas, o que lhe mostram os inventários é que essa população não possuía muito mais do que recursos modestos, cativados paulatinamente, dado que as riquezas planaltinas não possibilitavam rápido enriquecimento. Destarte, o cultivo de cana-de-açúcar não resultou em grande produtividade e, apenas no final do século XVII, consolidar-se-ia alguma exploração metalífera nos sertões.

Apesar da descoberta de ouro em Goiás e Cuiabá, seria nas Minas Gerais que a exploração aurífera alcançaria seu potencial máximo. A atração exercida por essa atividade seria igualmente devastadora para a capitania paulista, no entender desses autores. "O efeito dos descobrimentos de ouro sôbre São Paulo e outras cidades do planalto, depois de 1693, foi uma dura provação."[14] Isso porque, segundo Richard Morse, os homens de aventuras da capitania alojaram-se nas regiões exploradoras, e a Coroa passou a fiscalizar com maior dureza tanto as áreas mineradores quanto as limítrofes. A vila perde população, mais uma vez, e a capitania – criada em 1709 – perderá: a região das Minas, em 1720, que se tornará uma capitania autônoma; os territórios correspondentes ao Rio Grande do Sul e a Santa Catarina, em 1738; Laguna, dois anos depois; e, em 1748, as capitanias de Mato Grosso e de Goiás. No mesmo ano, a capitania seria anexada ao Rio de Janeiro. "Era a confirmação oficial da decadência da gloriosa Piratininga", nas palavras de Paulo Prado. A dinamização da economia mineradora viria apenas a aprofundar a pobreza do planalto paulista, cujo "despovoamento e a miséria tinham reduzido ao mais triste estado a velha capitania".[15]

Para Bruno, a precariedade do abastecimento de gêneros alimentícios a que a cidade de São Paulo estava submetida no final do século XVIII era maior do que

---

13 Esse tipo de interpretação buscava conferir aos paulistas ares de nobreza de caráter. MACHADO, *op. cit.*, p. 37 [grifos do autor].
14 MORSE, Richard M., *Formação histórica de São Paulo: De comunidade a metrópole*. São Paulo: Difusão Europeia do Livro, 1970, p. 34.
15 PRADO, Paulo. *Paulística etc*. São Paulo: Companhia. das Letras, 2004, p. 158.

aquela enfrentada pelos primeiros colonos.[16] Prado soma a essa situação outros males que afligiriam a capitania durante todo esse século: os altos impostos cobrados pela Coroa, os entraves no provimento de sal e a constante atuação militar, que reduziria a população e concentraria esforços e recursos.[17]

Sinteticamente e a título de comparação, podemos dizer que Paulo Prado realiza uma investigação ensaística sobre temas da história paulista; Bruno apresenta uma coletânea de fatos, detalhada por estudos extensivos das fontes documentais; e Morse ocupa-se dos antecedentes coloniais, dentro da obra citada, sobretudo como forma de desvendar a gestação da metrópole então existente à década de 1950. São, como se vê, obras distintas em seus formatos e objetos de pesquisa. Ainda assim, os três autores retomam a perspectiva criada na Primeira República e definem o final do século XVIII como um momento de pobreza severa para a isolada capitania de São Paulo, construindo, reforçando ou fazendo uso das visões da capitania pobre.

Também em comum acordo, eles afirmam que esse momento seria suplantado, no início do século seguinte, por um crescimento econômico e populacional que finalmente direcionaria a capitania para uma posição de centralidade na economia brasileira. Citamos, a seguir, três excertos que apontam o paralelismo observado em suas obras.

> Nos primeiros anos do século XIX, ao alvorecer da independência, começava apenas São Paulo a despertar da sua doentia hibernação. Iniciava-se o período a que na história paulista poderemos chamar – o da convalescença.[18]

> [...] de um modo geral a cidade se ressentia ainda, até o primeiro quartel do oitocentismo, do longo período de decadência e de empobrecimento em que estivera mergulhado o "país dos paulistas" durante uma grande porção dos tempos coloniais.[19]

> No entanto, a palavra "decadência" é enganadora, pois êsse

---

16 BRUNO, 1991a, p. 265.
17 PRADO, *op. cit.*, p. 158-163.
18 *Ibidem*, p. 169.
19 BRUNO, *op. cit.*, p. 93-94.

tempo poderia, com razões equivalentes, ser chamado de "germinação".[20]

No século XIX, a cidade tem sua ligação com o porto de Santos consolidada – em algumas décadas, a transposição da serra passaria a ser feita por ferrovias, como o próprio Paulo Prado anuncia em tom de alívio[21] – e esse porto, que se torna hegemônico no comércio por cabotagem, obtém a permissão da Coroa para comunicar-se diretamente com a Europa. Para esses autores, São Paulo então se consolida como parte do mercado internacional, vencendo seu isolamento e livrando-se da pobreza que a assolava.

A "convalescença", a imersão na "decadência" e a "germinação" carregam a ideia de um desenvolvimento crescente e linear da capitania, coroado pela exportação de café e os benefícios que dela vieram. Essas análises, que entendem a pobreza e o isolamento como dois atributos articulados, dão pouca relevância às demais atividades desempenhadas pela cidade de São Paulo ao longo dos três primeiros séculos de colonização, já que essas não se comparam à agroexportação açucareira, no que diz respeito ao montante de dinheiro mobilizado e à relação direta com o mercado europeu. Dessa forma, esses estudos abstêm-se de debater as características e as dinâmicas próprias da capitania de São Paulo e do sertão para o qual ela se volta. Ainda assim, a própria forma como a precariedade é evidenciada nas obras citadas descreve a conformação de uma rede de vilas e cidades, que vai do litoral ao interior da colônia, mesmo que essa rede não seja do interesse imediato dessas pesquisas.

Os desvios de gêneros alimentícios, realizados por atravessadores, e a constante necessidade de recorrer a outras vilas, a fim de suprir a carestia de alimentos na cidade de São Paulo – de que trata Bruno –, mostram a extensão da rede em que essa se inseria. Enquanto os contrabandistas enviavam a produção rural para o Rio de Janeiro, o general José Arouche de Toledo Rendon afirmava que "os ví-

---

20 MORSE, *op. cit.*, p. 35.
21 "Já outros destinos, porém, se preparavam para a antiga capitania: em 1856 lavrava-se o decreto autorizando a incorporação de uma companhia para a construção de uma estrada de ferro ligando Santos a Jundiaí." PRADO, *op. cit.*, p. 173.

veres que sustentam esta cidade na são colhidos no têrmo da mesma [...], mas sim nas matas de São João de Atibaia, Nazaré e Jaguari [atual Bragança]".[22] Em 1791, o capitão-general Bernardo José Maria Lorena e Silveira, governador da capitania, faria apelo às vilas de Atibaia, Mogi das Cruzes e Parnaíba, para que enviassem sua produção para o abastecimento da capital.[23] Esse tipo de solicitação não era expediente incomum no período, dadas as várias crises de falta de mantimentos pelas quais a cidade passou. Se, por um lado, essas fontes apontam para as dificuldades no abastecimento da sede da capitania, por outro, elas descortinam as comunicações que a envolviam.

Também as mazelas da militarização, segundo Paulo Prado, lançavam ao interior e às fronteiras castelhanas os homens mais aptos ao trabalho e à produção.

> Além das expedições contra os quilombos ou contra os índios bravos do sertão, e da polícia dos territórios mineiros de Mato Grosso e Goiás, destinavam-se sobretudo essas forças ao serviço das longas guerras contra os espanhóis, no Sul.[24]

Para o autor, as atividades de defesa desempenhadas pelos paulistas eram apenas empecilhos ao desenvolvimento da capitania – Prado não pondera sobre o poder de negociação que essa função garante aos governadores paulistas ou sobre o potencial de exploração do sertão que ela favorece.

As imagens de pobreza e isolamento no período colonial tornaram-se hegemônicas e continuaram a ser usadas e transmitidas. Na obra *São Paulo: Três cidades em um século*,[25] Benedito Lima de Toledo expõe a ideia de que, entre a cidade de taipa encontrada por viajantes europeus no início do século XIX e as reformas urbanísticas do começo do século seguinte, São Paulo teria sido reconstruída – ou refundada, segundo o autor – duas vezes. Para Toledo, a estagnação da cidade de

---

22 RENDON, José Arouche de Toledo. *Obras*. São Paulo: Governo do Estado, 1978, p. 10.
23 BRUNO, 1991a, p. 266.
24 PRADO, *op. cit.*, p. 160.
25 TOLEDO, Benedito Lima de. *São Paulo: Três cidades em um século*. São Paulo: Cosac & Naify; Duas Cidades, 2004.

taipa que sobreviveu até o oitocentos foi suplantada apenas pelas melhorias decorrentes da exportação do café, em especial pelo transporte ferroviário. O "silvo de trem" seria responsável por desfazer a "cidade de tropeiros", de modo que "O trem que desceu carregado de café pode, agora, subir com material de construção para se fazer uma casa igual àquela vista em alguma capital européia".[26] Foi "a partir do momento em que a ferrovia chegou às novas terras produtoras de café, [que] a cidade conheceu um crescimento incontrolado".[27]

Marco Antonio Villa, em *Breve história do estado de São Paulo*, afirma que "Foi a expansão do cultivo de café que retirou a província do marasmo secular".[28] O "Prefácio" da obra, de Rubens Ricupero, ressalta essa ideia; segundo ele, encerrado o ciclo das bandeiras, a região estava "em decadência antes de haver conhecido o apogeu".[29] Mesmo a localização privilegiada da cidade – da qual trataremos posteriormente – é avaliada em função da exploração cafeeira. "Antes [da agroexportação de café], as vantagens do sítio não passavam de virtuais",[30] ou seja, não eram suficientes para resgatá-lo da precariedade em que se encontrava.

Por vezes, a apropriação dessa imagem hegemônica encerra contradições no interior dos textos, uma vez que, no estudo detido da história da cidade, a imagem de pobreza é incompatível com certos desenvolvimentos. No item 3, "O terceiro período: 1765-1822", do texto "Organização urbana e arquitetura em São Paulo dos tempos coloniais",[31] de Carlos Lemos, encontramos esse conflito explicitado. O autor descreve a cidade em sua penúria, ao mesmo tempo em que relata as variadas formas do crescimento urbano, que incluíam construções de pontes, ater-

---

26 TOLEDO, *op. cit.*, p. 77.
27 *Ibidem*, p. 181.
28 VILLA, Marco Antonio. *Breve história do Estado de São Paulo*. São Paulo: Imprensa Oficial, 2010, p. 19.
29 RICUPERO, Rubens. Prefácio. In: VILLA, *op. cit.*, p. 9.
30 *Ibidem*, p. 12.
31 LEMOS, Carlos Alberto Cerqueira. "Organização urbana e arquitetura em São Paulo dos tempos coloniais". In: PORTA, Paula (org.). *História da cidade de São Paulo: A cidade colonial*. São Paulo: Paz e Terra, 2004, p. 145-177.

rados, calçadas, chafarizes e prédios, além da abertura de novas ruas e do emprego de novas técnicas construtivas – ainda que retardatário em relação ao Rio de Janeiro ou às Minas Gerais.

Portanto, ao tratarem da pobreza da capitania paulista, as interpretações supracitadas deixam as atividades intracoloniais em segundo plano, já que, na aparência, elas pouco ou nada têm a ver com a economia internacional e com o desenvolvimento de São Paulo.

Ponderações, outras visões

É apenas na década de 1980 que os trabalhos acadêmicos voltam a buscar a capitania paulista como objeto de estudo específico, surgindo assim monografias detalhadas sobre sua economia e população, que – entre outras mudanças – deixam de lado os conceitos gerais e psicológicos e fazem uso da vasta documentação original, privilegiadamente conservada.

Para esses autores, as atividades de abastecimento, de exploração dos sertões e de defesa militar, antes de serem marginais ou alheias aos planos da Coroa, eram formadoras de redes que ligavam os sertões brasileiros, atingindo, vez ou outra, as áreas de agroexportação. As incursões pelo interior da colônia não eram, tampouco, feitas à revelia dos planos da metrópole. Ao contrário, eram ocupações e explorações do interesse da Coroa e por ela supervisionadas. Mesmo a região amazônica chegou a ser, em fins do século XVIII, objeto do plano de constituição de uma rede de vilas, com vistas à ocupação efetiva dos territórios remotos, impedindo a subtração dos domínios portugueses e buscando novas fontes naturais de riqueza a serem exploradas.[32]

Dentre essas atividades, a defesa militar das fronteiras portuguesas era central. Desde as primeiras décadas de colonização, a então capitania de São Vicente teve

---

32 ARAÚJO, Renata Malcher. *As cidades da Amazônia no século XVIII: Belém, Macapá e Mazagão*. Porto: Faculdade de Arquitectura da Universidade do Porto, 1998. DELSON, Roberta Marx. "O Marquês de Pombal e a política portuguesa de 'europeização'". In: _____. *Novas vilas para o Brasil-Colônia: Planejamento espacial e social no século XVIII*. Brasília: Editora Alva-Ciord, 1997, cap. VI, p. 49-68.

papel fundamental na demarcação dos limites do Tratado de Tordesilhas, em seu extremo sul. Jaime Cortesão, em *A fundação de São Paulo, capital geográfica do Brasil*,[33] expõe os impasses do desenho aduaneiro, no primeiro século de colonização, e apresenta a solução aventada pela expedição de Martim Afonso de Souza, em 1530. A partir dos escritos de um Padre Simão de Vasconcelos, em *Livro I das Notícias das cousas do Brasil*, o autor trabalha com evidências da configuração de uma unidade geográfica abarcada pelos rios Amazonas e do Prata, que se encontrariam em uma imensa lagoa, à altura das terras do Chile e do Peru.[34] O indígena ganha importância em escritos de jesuítas espanhóis e portugueses por sua capacidade de apontar comunicações no interior do continente. Em diálogo com artigo de Sérgio Buarque de Holanda,[35] aparecem especulações sobre o caminho do Peabiru,[36] extensa rota por onde se poderia cruzar o continente, de um oceano ao outro.

O histórico das investidas portuguesas e castelhanas nas disputas pela região platina é detalhado pelo coronel J. S. Torres Homem, nos *Annaes das guerras do Brazil com os Estados do Prata e Paraguay*.[37] Em seus comentários sobre as respectivas estratégias de batalha, ele aponta como o saque e a destruição de vilas prestava papel fundamental.[38] A invasão de uma ou outra tropa resultava em contato intenso entre seus membros e os autóctones por toda a área.

---

33 CORTESÃO, Jaime. *A fundação de São Paulo, capital geográfica do Brasil*. Rio de Janeiro: Livros de Portugal, 1955.

34 *Ibidem*, p. 45-46.

35 HOLANDA, Sérgio Buarque. "Índios e mamelucos na expansão paulista". *Anais do Museu Paulista*, São Paulo, v. 13, p. 177-290, 1949.

36 CORTESÃO, *op. cit.*, p. 56-57.

37 HOMEM, J. S. Torres. "Antecedentes dos tempos coloniais". In: _____. *Annaes das guerras do Brazil com os Estados do Prata e Paraguay*. Rio de Janeiro: Imprensa Nacional, 1911, p. 3-33.

38 Já no governo de Martim Lopes Saldanha, em fins do século XVIII, os espanhóis reconhecem a importância da defesa das vilas e povoações contidas nos territórios em disputa, visto que sua destruição poderia resultar ainda em saque de "entre outros despojos, 100 cavallos mansos e 307 mulas também mansas", como ocorreu no ataque do sargento-mor Raphael Pinto Bandeira, com pouco mais de cem "aventureiros do Rio Grande", a uma pequena povoação no Rio Pequiry. *Ibidem*, p. 27-28.

Disso, surgiu uma relação de combate e troca entre os colonos e as povoações castelhanas, como descrevem Janice Theodoro e Rafael Ruiz, em "São Paulo, de vila a vidade: A fundação, o poder público e a vida política".[39] A sobrevivência da vila de São Paulo nos séculos XVI e XVII, enquanto tantas outras povoações pereceram e extinguiram-se, teria sido possível, entre outras coisas, por conta dessa relação. A partir daí, é reconhecida a existência de "uma história comum em determinado período da região Sul do Brasil",[40] que teria se desenvolvido intensamente durante a união das coroas (1580-1640), segundo Aracy Amaral.[41]

A tese central de Theodoro e Ruiz, concordante com o trabalho de Jaime Cortesão, é que, na falta de meios científicos que pudessem determinar com precisão o traçado das fronteiras entre a América portuguesa e a espanhola, a questão era resolvida a partir da posse efetiva dos territórios de disputa.[42] Nesse contexto, a vila e depois cidade de São Paulo era ponto de encontro e conciliação dos planos das coroas ibéricas. Segundo os autores,

> nesta encruzilhada se constituiu um projeto colonizador capaz de responder às ambigüidades geradas não apenas por Tordesilhas, mas pela própria união das duas coroas, tanto pelo lado do Atlântico como pelo lado do Pacífico. E é a junção, num mesmo projeto, dos dois oceanos, que alimentará circuitos de trocas capazes de fomentar o comércio regional.[43]

Não eram apenas o extremo sul e as povoações castelhanas que se relacionavam com São Paulo – tratava-se de uma rede de maior extensão. Em estudos realizados nas últimas três décadas, encontramos os meios de articulação dessa rede, cujas ações espraiavam-se pelas porções sul e oeste da colônia, chegando a atingir o nordeste açucareiro.

---

39 RUIZ, Rafael; THEODORO, Janice. "São Paulo, de vila a cidade: A fundação, o poder público e a vida política". In: PORTA, Paula (org.), *op. cit*, p. 69-113.

40 *Ibidem*, p. 99.

41 AMARAL, Aracy. *A hispanidade em São Paulo: da casa rural à Capela de Santo Antônio*. São Paulo: Livraria Nobel, 1981.

42 RUIZ; THEODORO, *op. cit.*, p. 81.

43 *Ibidem*, p. 83.

Sobre as empreitadas econômicas dos paulistanos, entre 1711 e 1765, diz Maria Aparecida de Menezes Borrego que,

> Para além das lojas de fazenda seca, os mercadores residentes na cidade paulistana dispunham de escravos vendeiros e de negras padeiras; estavam envolvidos, direta ou indiretamente, com os contratos camarários relativos ao abastecimento alimentar da população; comercializavam escravos em diversas áreas coloniais; traziam carregações do Rio de Janeiro e as enviavam para as regiões mineradoras; emprestavam dinheiro a juros.[44]

Destacamos ainda o aprisionamento e comércio de indígenas, as tropas e as atividades mercantis, na capitania de São Paulo, apontadas por John Manuel Monteiro[45] e pelas obras supracitadas de Blaj e Borrego. Eram atividades frequentes, de importância central para a capitania e oficias, conforme apontado anteriormente. Entre suas fontes documentais, Monteiro apresenta ofícios e cartas trocados entre a Coroa e a colônia, discutindo as práticas de captura e uso de índios como mão de obra. Da mesma forma, Borrego trata tanto de comerciantes irregulares e ocasionais quanto daqueles cuja atuação era regulamentada pelo poder público.

O comércio de cativos, de gado e de alimentos – e suas respectivas atividades financeiras – foram responsáveis pelo movimento constante de ocupação dos sertões, do qual a vila de São Paulo era peça-chave. Ilana Blaj resgata o conceito de "equilíbrio vital",[46] vinculado por Sérgio Buarque de Holanda, segundo o qual a ocupação do interior da colônia pelos paulistas ter-se-ia realizado em ações pendulares, de intensidade e duração variáveis.

> Assim, no movimento dialético povoamento/despovoamento/povoamento, imperaria a fixação provisória, e não o

---

44 BORREGO, Maria Aparecida de Menezes. *A teia mercantil: Negócios e poderes em São Paulo colonial (1711-1765)*. São Paulo: Alameda, 2010, p. 298.

45 MONTEIRO, John Manuel. *Negros da terra: Índios e bandeirantes nas origens de São Paulo*. São Paulo: Companhia. das Letras, 2000.

46 HOLANDA, Sérgio Buarque de. "Movimentos da população em São Paulo no século XVIII". *Revista do Instituto de Estudos Brasileiros*, São Paulo, v. 1, p. 55-111, 1966. Em verdade, o artigo refere-se ao século XVII, mas seu título foi impresso erroneamente.

nomadismo perene; a terra e o índio para o cultivo, e não apenas para a venda do último ao Nordeste açucareiro.[47]

As obras que apresentamos nesse item, em concordância com o conceito de Holanda, não tratam do desenvolvimento linear que dão a entender as obras de Machado, Bruno e Prado, tampouco das imagens de riqueza e bravura – pintadas por Oliveira Vianna – ou da penúria a que se reduzia a capitania em sua desconexão com o mercado internacional – aventada por Alfredo Ellis Jr. O que propõe Holanda é compreender as características específicas[48] do modo de vida e da economia paulistas, e essas seriam "sempre [de] uma sedimentação provisória e nunca [de] uma cristalização definitiva, [...] sempre a idéia de movimento, do 'vir a ser', e nunca a de fixação".[49] O que parece ser um quadro de dispersão é apenas o constante movimento dos paulistas em busca de elementos que servissem às suas atividades econômicas, a saber, mão de obra e terras cultiváveis. Disso resultam, como mostram os estudos monográficos citados anteriormente, o enriquecimento da população e a diferenciação social desses habitantes. No estudo aqui presente, abarcamos a compreensão proposta por Holanda – da relação entre a ocupação do território ao longo do tempo e as atividades econômicas nele realizadas – e apresentamos seus desdobramentos e suas configurações dentro dos limites da cidade de São Paulo.

Blaj faz ainda importante ressalva acerca da afirmação de que a cidade de São Paulo seria, de algum modo, "rural" ou subordinada ao meio rural – tal como aponta Bruno em passagem supracitada. Para a autora, o uso das categorias rural e urbano como forma de análise do modo de vida dos habitantes da cidade colonial configura um anacronismo. Ao contrário, "campo e cidade formavam um todo único, seja na esfera econômica, social ou política".[50] As diversas vilas e povoações criadas em torno da capital – antes mesmo de tornar-se sede da capitania – são um dos aspectos dessa

---

47 BLAJ, *op. cit.*, p. 90.
48 "Para o notável historiador [Sérgio Buarque de Holanda], cada época, cada formação social, tem seu próprio centro de gravidade, sua unidade de sentido, que deverá ser apreendida pela 'compreensão' (*verstehen*)." *Ibidem*, p. 69.
49 *Ibidem*, p. 70.
50 BLAJ, *op. cit.*, p. 122.

unidade, que aponta novamente para a dimensão da rede de vilas em que São Paulo está inserida.Podemos ratificar essa argumentação com os dados do "Mapa geral dos habitantes que existem no destrito daprimeira Comp. de Ordenanças desta Cid. de S. Paulo oanno de 1798 = Suas oCupacoens, empregos, egeneros q. cultivam ou em que negoceam",[51] ou seja, o recenseamento da população de 1798.[52] Enquanto, via de regra, os demais censos arrolam ocupações tais como caixeiro, mascate, vendeiro, taberneiro e mercador, esse aprofunda as descrições, como se vê abaixo.[53]

> Vive do q. grangeou em tropas de bestas q. mandou vir em outro tempo do Rio Grande do Sul = tem huá chacra no termo da cid. q. Rende anualmente Sincoenta alqueires de farinha p. adejutores do gasto de Sua Caza = tem gado de q. teve de Crias 4 Eguas de q. teve 3 Crias.
>
> Vive de negocio de fazenda q. tras do Rio de Jan. Importação 17000$000. Consumo 16000$000. Existe 1000$000.

Pelo nível de detalhamento, é possível reconstruir os trânsitos entre vilas e cidades ligadas a São Paulo, bem como o tipo de produto ou valor transportado dentro dessa rede, produzindo um mapa representativo dessas atividades.[54] Para tal, tabulamos os dados referentes a esses trânsitos, como visto na Tabela 1.1, em que as mesmas informações aparecem reunidas sob dois referenciais distintos, a saber, a origem-destino e os produtos ou bens conduzidos.

---

51 MP-1798.

52 A primeira ordenança inclui apenas a porção "central" da cidade, correspondente ao assentamento existente no perímetro entre os conventos de São Francisco, de São Bento e do Carmo. Atualmente, tal área corresponde ao dito Centro Velho.

53 Essas descrições correspondem aos fogos de Joze Francisco de Sales e Manoel Lopes Guimaraens, respectivamente, constantes na primeira folha do censo. MP-1798.

54 Para maiores detalhes sobre o processo de processamento dos dados e construção do mapa, ver: SANTOS, Amália dos. "Mapa de trocas e caminhos da cidade de São Paulo em 1798". In: ESPAÇOS NARRADOS – A construção dos múltiplos territórios da língua portuguesa, 2012, São Paulo. *Anais do seminário Espaços narrados – A construção dos múltiplos territórios da língua portuguesa*. São Paulo: FAU-USP, 2012, 1 CD-ROM.

Tabela 1.1 – Dados de trânsito organizados por rota e produto, censo de 1798

TRÂNSITO POR ORIGEM - DESTINO	TOTAL	GRUPOS	MILITAR	(%)
Desconhecida - São Paulo capitania - bestas	1			
Desconhecida - São Paulo - molhados	4	6	2	33,33
Desconhecida - São Paulo - mantimentos	1			
Curitiba/Sorocaba - Cuiabá/Goiás/Minas Gerais - bestas	1			
Curitiba - São Paulo - assistência	1			
Curitiba - São Paulo - bestas	1			
Rio Grande/Curitiba/Sorocaba - São Paulo capitania - bestas	1	8	6	75,00
Rio Grande/Curitiba - São Paulo - bestas	1			
Rio Grande - São Paulo capitania - bestas	1			
Rio Grande - São Paulo - bestas	1			
Rio Grande - São Paulo - fazenda	1			
Campinas - São Paulo - açúcar	1			
Itu/Campinas - São Paulo - açúcar	4			
Itu/outros - Lisboa - açúcar/café/anil	1			
Itu/outros - Lisboa - açúcar/outros	1	13	5	38,46
Itu - Lisboa - açúcar	2			
Itu - Santos - bestas	1			
Itu - São Paulo - assistência	1			
Itu - São Paulo - engenho	1			
Porto Feliz - São Paulo - engenho	1			
Jundiaí/São João/Juqueri - São Paulo - mantimentos	1	1	1	
Rio de Janeiro - Itu/Campinas - escravos	1			
Rio de Janeiro – Itu – escravos	3			
Rio de Janeiro - São Paulo - assistência	1			
Rio de Janeiro - São Paulo - boticário	1	39	27	69,23
Rio de Janeiro - São Paulo - farinha	2			
Rio de Janeiro - São Paulo - fazenda	29			
Rio de Janeiro - São Paulo - negócios	1			
Rio de Janeiro - São Paulo - ouro	1			
Santos/Rio de Janeiro - Itu - escravos	1	2	1	50,00
Santos/Rio de Janeiro - São Paulo - molhados	1			
Santos - São Paulo - molhados	23			
Santos - São Paulo - molhados/fazenda	1	25	5	20,00
Santos - São Paulo - peixes	1			

São Paulo capitania - Lisboa - produtos da terra	1			
São Paulo capitania - Rio de Janeiro - fazenda	1	4	3	75,00
São Paulo - Camanducaia - fazenda	1			
São Paulo - Campinas - fazenda	1			
Portos - São Paulo - negócios	1	1	0	0,00

*mantimentos: milho, feijão, arroz, toucinho

TRÂNSITO POR RECURSO	TOTAL	GRUPOS	MILITAR	(%)
açúcar/café/anil - Itu/outros - Lisboa	1			
açúcar/outros - Itu/outros - Lisboa	1			
açúcar – Campinas - São Paulo	1	9	3	33,33
açúcar - Itu/Campinas - São Paulo	4			
açúcar – Itu - Lisboa	2			
assistência – Curitiba - São Paulo	1			
assistência – Itu - São Paulo	1	3	1	33,33
assistência - Rio de Janeiro - São Paulo	1			
bestas - Curitiba/Sorocaba-Cuiabá/Goiás/Minas Gerais	1			
bestas – Curitiba - São Paulo	1			
bestas – desconhecida - São Paulo capitania	1			
bestas – Itu - Santos	1			
bestas-Rio Grande/Curitiba/Sorocaba - São Paulo capitania	1	8	7	87,50
bestas - Rio Grande/Curitiba - São Paulo	1			
bestas - Rio Grande - São Paulo	1			
bestas - Rio Grande - São Paulo capitania	1			
boticário - Rio de Janeiro - São Paulo	1	1	0	0,00
engenho – Itu - São Paulo	1	2	1	50,00
engenho - Porto Feliz - São Paulo	1			
escravos - Rio de Janeiro - Itu	3			
escravos - Rio de Janeiro - Itu/Campinas	1	5	4	80,00
escravos - Santos/Rio de Janeiro - Itu	1			
farinha - Rio de Janeiro - São Paulo	2	2	2	

mantimentos – desconhecida - São Paulo	1	2	1	50,00
mantimentos - Jundiaí/São João/Juqueri - São Paulo	1			
Fazenda - Rio de Janeiro - São Paulo	29			
Fazenda - Rio Grande - São Paulo	1			
Fazenda - São Paulo capitania - Rio de Janeiro	1	33	23	69,70
Fazenda - São Paulo - Camanducaia	1			
Fazenda - São Paulo - Campinas	1			
molhados/fazenda - Santos - São Paulo	1	1	1	
molhados – desconhecida - São Paulo	4			
molhados - Santos/Rio de Janeiro - São Paulo	1	28	5	17,86
molhados – Santos - São Paulo	23			
negócios - portos - São Paulo	1	2	1	50,00
negócios - Rio de Janeiro - São Paulo	1			
ouro - Rio de Janeiro - São Paulo	1	1	0	0,00
peixes – Santos - São Paulo	1	1	0	0,00
produtos da terra - São Paulo capitania - Lisboa	1	1	1	

Fonte: MP-1798.

As colunas referentes ao porcentual de cada ocorrência apontam a participação de militares nessas atividades, variando do cinza mais claro (0,00%) ao mais escuro (100,00). Essa informação recebe destaque uma vez que esses homens eram parte significativa da elite colonial, junto aos administradores públicos e aos clérigos. Em verdade, as funções e especialidades militares compunham quase totalmente o poder público, cabendo a esse grupo a organização da vida na colônia e a execução das ordens da Coroa. O nível de instrução dos militares distinguia-os sensivelmente dos demais habitantes da colônia no que diz respeito às aptidões para cumprir tais tarefas. Nos capítulos seguintes, veremos como esse treinamento era essencial para a organização e o cumprimento das obras públicas, tornando os militares parte constante dessas empreitadas.

Como se vê na Tabela 1.1, a relação entre o comércio para além da cidade e a atuação militar é recorrente. Podemos delinear duas hipóteses para essa relação. A primeira diz respeito ao fato de que as atividades militares requeriam a mobilidade desses habitantes, favorecendo o estabelecimento de contatos e arranjos comerciais nas rotas trilhadas. Por outro lado, a segunda hipótese aventa que os militares de maiores patentes eram habitantes com maior prestígio, trazendo benefícios e meios de enriquecimento capazes de justificar o envolvimento com atividades que necessitavam de maior investimento ou crédito.

Dentre os predomínios expressos por essas tabelas, destacam-se os caminhos que partem do Rio de Janeiro (principalmente trazendo fazenda seca, mas também escravos), de Santos (quase exclusivamente para molhados) e, com um pouco menos de intensidade e maior variação de bens conduzidos, do oeste açucareiro. Do Rio de Janeiro e de Santos, praticamente todos os produtos eram levados para a cidade de São Paulo – à exceção dos escravos, dirigidos às fazendas de cana-de-açúcar. A vila de Itu, no entanto, era fonte de açúcar para o mercado externo, simbolizado por Lisboa, porto receptor da colônia brasileira na metrópole. Não podemos esquecer que essa rota incluía também São Paulo e o porto de Santos, conjugando moradores de todas essas localidades, entre comerciantes, carregadores, tropeiros e escravos.

Os principais bens transportados eram produtos de consumo na cidade de São Paulo: fazenda seca e molhados, vindos principalmente do Rio de Janeiro e de Santos, como registramos anteriormente. Isso denota, ao mesmo tempo, a carestia de certos tipos de produto e a relevância da rede comercial em que a sede da capitania inseria-se. Além desses produtos, o açúcar e as bestas completavam o quadro principal das trocas feitas ou financiadas por paulistas.

Com essas informações e as referências históricas acerca da atividade comercial desenvolvida pelos paulistas, podemos construir o mapa apresentado na Figura 1.1, em que vemos a constituição espacial dessa rede, com seus pontos de concentração e integração de caminhos. No detalhe, vemos a faixa de ocorrência de cada rota. O trânsito de animais era atividade consolidada e, como se pode ver, de importância acima da média, mesmo sem conter várias combinações entre suas localidades. No final do século XVIII, a cana-de-açúcar ainda era a espécie de maior importância no mercado internacional para a capitania de São Paulo.

A exploração de ouro e metais preciosos, e o aprisionamento de indígenas para serem vendidos e usados como força de trabalho já não eram mais atividades lucrativas. Assim, não é difícil compreender o destaque que têm a vila de Itu e o porto de Santos, escoador da cultura dessa área, em contraposição às regiões mineradoras. A ocorrência de trocas apenas entre esse porto e a sede da capitania, no entanto, era de vigor ainda maior. Entre São Paulo e o Rio de Janeiro, havia também intensa troca, tanto pela passagem nas rotas que ligavam esse porto a Campinas e Itu quanto pelo fornecimento de manufaturas.

Em nosso entender, as atividades que constituem essa rede de vilas nos sertões coloniais não podem ser apreendidas em termos dos valores absolutos de suas transações e produções, ou seja, não podem ser avaliadas dentro da chave da economia internacional do período. A caracterização da capitania de São Paulo como pobre e isolada, tendo como parâmetro o norte agroexportador de açúcar, faz perder a importância de seus atributos próprios que – esses sim – são relevantes para seu entendimento.

Ressaltamos duas fontes costumeiramente usadas nas descrições da pobreza paulista, a saber, os relatórios e ofícios de governadores da capitania e as atas e livros da Câmara. Primeiramente, os relatores que descrevem a capitania eram, em geral, reinois. Assim sendo, suas referências de modo de vida eram as cidades europeias e sua forma própria de urbanidade. Além disso, se considerarmos que a capitania extraía menos riqueza na exploração de suas terras do que o norte açucareiro no período colonial, não é difícil entender por que sua população buscaria, sempre que possível, receber maiores investimentos da Coroa.

É célebre o documento enviado por Morgado de Mateus ao Marquês de Pombal, em que o primeiro diz que a capitania de São Paulo está "morta e ressuscitá-la é mais difícil do que criá-la de novo", tal o estado de carestia em que a encontrou em 1765, quando assume seu governo. Quase vinte anos depois, em 1782, o juiz de fora de Santos, Marcelino Pereira Cleto, afirmará ser essa a capitania "mais decadente da América [portuguesa]", mesmo tendo descoberto as Minas.[55] Nota-se aí um discurso em favor da compensação aos paulistas, e não de pobreza em si, cabível dentro das possibilidades de negociação entre colônia e metrópole. Não é de se espantar que esses homens anunciassem um panorama de precariedade em sua comunicação com a Coroa, visto que buscavam ampliar seus privilégios e aumentar os recursos destinados à administração paulista.

---

55 CLETO, Marcelino Pereira. "Dissertação a respeito da capitania de São Paulo, sua decadência e modo de restabelecê-la". *Anais da Biblioteca Nacional do Rio de Janeiro*, Rio de Janeiro, v. 21, 1900, p. 195.

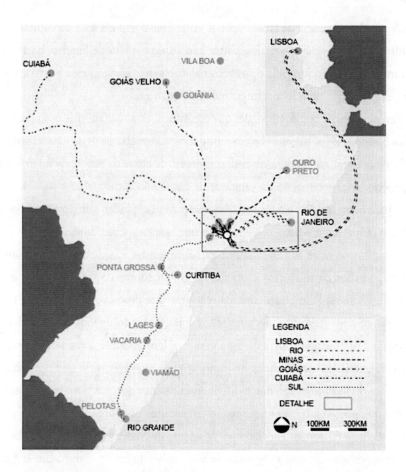

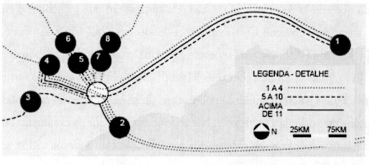

Figura 1.1 – Mapa de rotas de transporte de bens e produtos que constam no censo de São Paulo de 1798

Por sua vez, os orçamentos municipais, continuamente deficitários no final do setecentos, apresentam um cenário de falta de recursos. As atas contêm menções frequentes a esse aspecto, especialmente no tocante às obras públicas. As rendas exíguas da municipalidade conflitam, de certo modo, com a ocorrência das obras, de forma que há certa incoerência na afirmação da pobreza em que a cidade encontrava-se. Em nosso entendimento, esse parâmetro, da forma como foi utilizado nas obras supracitadas, não é suficiente para tratar da São Paulo colonial, pois limita suas possibilidades de compreensão. Assim, analisaremos o período estudado – com ênfase na dinâmica das obras públicas – a partir de seus atributos próprios, ou seja, sem atermo-nos à busca por classificá-lo como decadente ou grandioso.

Defesa militar e atividades econômicas: as comunicações da rede paulista

Durante todo o período colonial, e concomitante a todas as atividades econômicas que permearam o *hinterland* brasileiro, a defesa militar foi forte motor para as incursões além da faixa litorânea. Os conflitos iniciados na definição dos limites entre as colônias portuguesa e espanhola – tratados no item anterior – estenderam-se pelos séculos seguintes, no decorrer das demarcações das demais fronteiras.

Nas guerras da região da bacia do Rio da Prata, a atuação dos paulistas foi constante e decisiva. A fim de proteger a região sul da colônia dos avanços castelhanos, a Coroa lusitana fez uso do conhecimento e das habilidades que esses sertanistas desenvolveram em seu contato – pouco pacífico – com os indígenas. A relação dos paulistas com a metrópole foi marcada por conflitos e acusações de insubmissão, o que levou diversos historiadores a julgar as atividades desses "aventureiros" nos sertões como marginais e sintomáticas de sua relação distante com o poder central. A correspondência trocada entre os membros da administração da capitania e a Coroa, entretanto, mostra-nos que essas atividades eram bem acompanhadas pela última e sugerem que, mesmo aquelas possivelmente conflitantes, eram permitidas ou relevadas, desde que não interferissem nos planos portugueses.

Dentre as constantes disputas que esse jogo impunha, estava a defesa contra as investidas espanholas. Esse teria sido, segundo Heloísa Liberalli Bellotto, o motivo principal alegado pela Coroa para extinguir e, posteriormente, restaurar a capitania de São Paulo.[56] Em 1748, depois de sucessivas perdas de territórios, ela passa a submeter-se à capitania do Rio de Janeiro, de forma a concentrar forças e decisões. O arranjo não resultou em benefício, nas avaliações da Câmara de São Paulo e mesmo do capitão-general do Rio de Janeiro. Os camarários enviaram uma série de ofícios à Coroa, reivindicando o envio de um capitão-general para trabalhos exclusivos na capitania, dado que o jugo a outra representação estaria prejudicando-os; o governador do Rio de Janeiro reforçava essa ideia.[57]

Entre dezembro de 1764 e janeiro de 1765, Sebastião José de Carvalho e Melo, o marquês de Pombal, ordena a restauração da capitania e nomeia D. Luís Antônio de Souza Botelho Mourão, o morgado de Mateus, como seu governador. Esse traz consigo instruções claras e objetivas, dadas por Pombal – secretário de Estado entre 1750 e 1777, que efetivamente governava Portugal nesse momento – que temia o avanço e a consolidação das investidas espanholas (incluindo aí jesuítas e seus indígenas arregimentados), que enfraqueciam as posses e a economia portuguesas. Para o secretário,

> a autoridade real deveria ser ampliada pelo aumento do número de vilas no interior e pela sua integração num programa que procurasse aproveitar ao máximo as potencialidades dos territórios até então inexplorados.[58]

Eram, portanto, ordens em favor da militarização e da ocupação dos sertões, incentivadas por meio da concessão de privilégios aos colonos e benefícios aos índios que deixassem os territórios castelhanos.[59]

---

56 Haveria ainda outro objetivo na restituição da autonomia paulista, qual seja, a busca pela exploração agrícola de áreas independentes das Minas Gerais, cujo potencial não tinha sido sondado. BELLOTTO, Heloísa Liberalli. *Autoridade e conflito no Brasil colonial: O governo do Morgado de Mateus em São Paulo*. São Paulo: Conselho Estadual de Artes e Ciências Humanas, 1979, p. 45.

57 *Ibidem*, p. 49.

58 DELSON, *op. cit.*, p. 49.

59 Os colonos que descobrissem novas terras ou restaurassem áreas antes perdidas receberiam

A organização eficiente das forças combativas deveria ser atingida por meio de dois campos de ação, a saber, a reunião da população em povoados e vilas e o incremento fazendário por meio da exploração econômica. Antes do governo de D. Luís, a última vila criada na capitania paulista foi Pindamonhangaba, em 1705.[60] Segundo Roberta Marx Delson, assim que chega ao Brasil, ele comunica ao Marquês de Pombal a fundação de seis novas vilas: uma no local do cruzamento dos rios Piracicaba e Tietê, uma na estrada de Cuiabá (atual Botucatu), uma no caminho para Curitiba (Faxina, próxima a Sorocaba), uma na estrada de Curitiba para Viamão (Lages) e outras duas na faixa litorânea (perto de Paranaguá e entre Iguape e Cananeia).

A criação de novas vilas cumpria o objetivo de consolidar a ocupação em áreas estratégicas para a defesa das fronteiras, e também visava reunir a população para facilitar seu recrutamento. Os habitantes deveriam ser arrebanhados em "povoações civis", ou seja, vilas oficiais, reconhecidas pela administração pública.[61] Tanto para o preenchimento dos quadros militares como para o desenvolvimento econômico, era interessante que a população concentrasse-se nas vilas e não ficasse espalhada em seu entorno ou em territórios alheios. Parte dos moradores dispersos assim o eram por conta de suas próprias ocupações ou atividades produtivas, tais como o roçado em sítios volantes, o pouso e o bandeirismo. Os demais "vadios" – como eram denominados na documentação da época – deveriam buscar instalar-se em povoações com mais de cinquenta domicílios, conforme Carta Régia de 1766, que regulamentava a questão.[62] As ações de D. Luís, em conformidade com o espírito ilustrado de seus pares, tinham ares de missão civilizatória, uma vez que a suposta falta desse componente nos habitantes da colônia fazia-os avessos ao cumprimento das ordens de seus superiores. Assim, o capitão-general procurava regulamentar não apenas as edificações, as planificações e a fundação das vilas, como os aspectos sociais e religiosos de sua população.

---

a posse das mesmas, enquanto, aos índios, conceder-se-ia liberdade e permissão para que tivessem também terras e bens. BELLOTTO, *op. cit.*, p. 72.

60 *Ibidem*, p. 172-173.
61 DELSON, *op. cit.*, p. 73.
62 BELLOTTO, *op. cit.*, p. 174-175.

No extremo oeste do atual estado do Paraná, então parte da capitania de São Paulo, D. Luís tinha como meta a formação de uma rede de vilas e povoados, a partir dos antigos arraiais indígenas. Ele teria se inspirado na empreitada de povoação levada a cabo pelo governador da província do Grão-Pará, Mendonça Furtado, cunhado do marquês de Pombal e enviado ao Brasil pelo mesmo. Diz Delson que, "Junto com Mendonça Furtado, Luís Antônio de Souza coloca-se entre os primeiros a aderirem ao axioma setecentista de que o bom governo era favorecido pelo crescimento urbano supervisionado".[63] As intenções de urbanização de D. Luís eram especialmente dedicadas às áreas de defesa e ao longo dos caminhos de integração dessas áreas à cidade de São Paulo – as rotas para o sul (com destino a Viamão, Curitiba e Lages), para o norte (nas fronteiras mineiras), para o Rio de Janeiro, no leito do Rio Tietê e na vila de Iguatemi. Segundo Bellotto, grande parte desses esforços – particularmente, no último caso – foram condenados ao malogro, por conta da pobreza, da falta de preparo e da pouca motivação dos paulistas recrutados.[64]

Para atingir os objetivos de defesa bélica e incremento econômico, era essencial a realização de obras, fossem essas de caráter municipal ou de comunicações. D. Luís trabalhou com as condições existentes, desenvolvendo suas estratégias de forma sistemática a partir do conhecimento extensivo sobre a capitania, suas vilas e seus povoados. Era indispensável criar e – mais ainda – reforçar os caminhos que ligavam São Paulo a outras áreas, especialmente o sul e o oeste.

De modo geral, a existência desses caminhos pode ser associada a tempos anteriores à colonização. Segundo Sérgio Buarque de Holanda, em *Caminhos e fronteiras*,[65] foram as "marchas em fileira simples" dos indígenas que abriram as veredas, que posteriormente tiveram suas larguras ampliadas e seus traçados consolidados, "particularmente, com as primeiras tropas de muares".[66]

Foram os autóctones, portanto, que criaram os traçados ou indicaram as dire-

---

63 DELSON, *op. cit.*, p. 77.
64 BELLOTTO, *op. cit.*, p. 198-200.
65 HOLANDA, Sérgio Buarque de. *Caminhos e fronteiras*. São Paulo: Companhia. das Letras, 1994.
66 *Ibidem*, p. 26.

ções possíveis. Na capitania de São Paulo, o contato entre eles e os colonos foi bastante intenso, de modo que esse processo permitiu grandes contribuições – nem sempre espontâneas – à exploração do território colonial. No capítulo "Veredas de pé posto",[67] Holanda detém-se nos pormenores das práticas e dos costumes indígenas – aos quais se habituaram os europeus –, no que diz respeito à abertura de trilhas no período colonial. O autor aponta ainda que a constituição original dos caminhos pode ser atribuída aos animais silvestres, sendo tomada sucessivamente por índios, por colonos e até mesmo pelos meios de transporte implantados no Império – "o traçado de muitas estradas de ferro parece concordar, no essencial, com o dos velhos caminhos de índios e bandeirantes, sinal de que sua localização não seria caprichosa".[68]

Ao refletir sobre essas apropriações, Holanda trata, mais uma vez, da permanência surgida na inconstância e da ausência de uma evolução plenamente linear.

> Será sem dúvida excessivo imaginar-se um traçado inteiramente fixo para as trilhas de índios usadas depois pelos bandeirantes. É bem conhecida a instabilidade de algumas dessas primitivas vias de comunicação, sobretudo quando surgia uma interrupção mais ou menos prolongada no seu uso.[69]

Ainda que existam inúmeros exemplos da evolução segura de caminhos indígenas em rotas de bandeiras, não podemos ignorar que houve trilhas que pereceram ou que amargaram o desuso por longos períodos. Isso não altera a ideia geral das apropriações sucessivas, mas aumenta sua complexidade. Alguns caminhos consolidaram-se, por conta das atividades que permitiam ou favoreciam, e têm seus desenvolvimentos bastante estudados.[70]

---

67 HOLANDA, 1994, pt. I, cap. 1, p. 19-35.
68 *Ibidem*, p. 26.
69 *Ibidem*, p. 33.
70 É o caso, por exemplo, do caminho percorrido por Anhanguera, pai e filho, em 1683 e 1722, respectivamente. A segunda expedição passou por regiões diversas, tais como as atuais cidades de Campinas, Ribeirão Preto, Uberlândia, Brasília, Goiânia e Corumbá, cuja ocupação foi posteriormente consolidada.

***

O debate acerca da autonomia *versus* as ordens da Coroa é ponto central no tocante às incursões paulistas pelo interior e em direção ao sul, mesmo antes do governo de D. Luís. Como visto no início desse capítulo, a ideia da independência e bravura dos paulistas serviu – e ainda serve – ao propósito de consagrar suas supostas qualidades de liderança e desenvolvimento. No entanto, cabe-nos ponderar sobre esses atributos. A mando do governo português, foram realizadas algumas entradas, datadas desde o século XVI, que visavam explorar as jazidas de metais do interior da colônia.[71] Eram empreitadas menos frequentes que aquelas que buscavam índios nos sertões, mas nem por isso menos significativas para a ocupação e o reconhecimento dessa área. Às entradas oficiais, somaram-se as tropas, a "marcha em fileira simples"[72] do bandeirante e a navegação fluvial das monções, nos "vários *movimentos* tendentes, em parte, à dilatação das nossas fronteiras e ao aproveitamento de nosso território".[73] Os caminhos traçados por esses movimentos conduziam principalmente ao sul, a Goiás, a Cuiabá e às Minas Gerais, tendo cada um suas formas peculiares de organização e seu cronograma.

O abastecimento das regiões remotas era peça-chave dessa dinâmica, antes mesmo da exploração aurífera consolidar-se em Minas, como indicam as fontes de pesquisa sobre as monções, que partiam da atual cidade de Porto Feliz, em direção a Cuiabá.[74] Além dessa atividade, o apresamento de índios – conforme apontado no trabalho supracitado de John Manuel Monteiro – foi também outro mote das incursões pelo interior do continente, que renderam uma ampliação do domínio desse território e o alargamento das fronteiras originais.

---

71 SILVA, Maria Beatriz Nizza da. "São Vicente, capitania donatarial (1532-1709)". In: _____(org.). *História de São Paulo colonial*. São Paulo: UNESP, 2009, cap. 1, p. 39-45.

72 A marcha a pé, em filas de um homem atrás do outro, "seria inevitável nessas primitivas veredas, em regra pouco melhores do que carreiros de anta. O costume, tradicional entre os naturais do país, tinha a vantagem de proporcionar maior segurança ao viajante em lugares perigosos e infestados de gentio brabo". HOLANDA, 1994, p. 26.

73 *Ibidem*, p. 135 [grifos nossos].

74 *Ibidem*, "Frotas de comércio". In: _____, *op. cit.*, cap. 9, p. 135-152.

As minas de Goiás e Cuiabá foram alcançadas, respectivamente, por bandeiras e monções, sendo que suas descobertas são praticamente simultâneas e remontam ao final do século XVII. Ambas derivaram das investidas paulistas em busca de riquezas e novas áreas de exploração. Podemos dizer que Cuiabá foi originalmente ocupada por conta dos conflitos entre paulistas e mineiros na região das Minas Gerais, o que não significa que os primeiros migraram de uma área para outra, já que participavam das atividades econômicas de ambas, ainda que em funções diversas.[75] Todavia, o roteiro fluvial contribuiu pouco para o povoamento das áreas entre seus portos, limitando essa ação a alguns poucos sítios de pouso e pequenas plantações. As vias terrestres ofereciam mais possibilidades nesse sentido. O Caminho de Goiás foi responsável pelo desenvolvimento da ocupação no norte da capitania paulista, que seria posteriormente a área da Estrada de Ferro Mogiana, construída para o escoamento da produção cafeeira.[76]

No século XVIII, a arrancada da extração de ouro nas Minas Gerais exacerba os processos já existentes de abastecimento e trocas acima descritos. Em pequenas vilas e arraiais fundados em função da expansão agrícola do Vale do Ribeira e da captura de indígenas, nos sertões dos Cataguazes, as descobertas auríferas mostrar-se-ão animadoras. A vila de São Paulo ligava-se a essa região, pelo

> [...] Caminho Velho, ou Caminho Geral do Sertão, que partia de São Paulo e seguia pelo Vale do Paraíba, passando sucessivamente por Mogi das Cruzes, Jacareí, Taubaté, Pindamonhangaba e Guaratinguetá, cruzando logo a seguir a Garganta do Embaú. Passada a barreira da grande serra, tomava-se aproximadamente a direção nordeste, no rumo do rio das Mortes. Dali o caminho se dividia em dois, um ramal dirigindo-se para as minas do Caeté e de Vila Rica, e outro rumando na direção do rio das Velhas [...].
>
> Partindo de São Paulo também era possível penetrar em direção dos descobertos pelas vilas de Atibaia e Bragança, avançando pelo sul mineiro. Uma terceira opção seria pelo vale do Mogi Guaçu [...].[77]

---

75 SILVA, *op. cit.*, p. 104.
76 *Ibidem*, p. 108.
77 SILVA, *op. cit.*, p. 98.

Logo se abre o Caminho Novo, ligando diretamente as Minas e o Rio de Janeiro, que se tornará o porto mais importante da colônia. Mesmo perdendo a hegemonia do escoamento do ouro, a capitania de São Paulo não deixa de participar da dinâmica econômica criada por sua exploração. As reações às grandes descobertas variaram, segundo Holanda, entre o "timbre pessimista" e o "alvoroço", ressaltando-se ora a importância do comércio de abastecimento, ora a evasão para os sertões.[78] Para Alice Canabrava,[79] o fim do setecentos vem coroar a decadência da capitania paulista, que teria experimentado seu auge econômico entre 1690 e 1733, data do início efetivo do uso do Caminho Novo. Mas a própria autora afirma que é preciso relativizar essa periodização, já que as incursões paulistas pelo interior – que supostamente seriam a fonte do esvaziamento e da pobreza da capitania – datam de muito antes. Além disso, ela sugere que a decadência seria derivada da exclusão da rota de comércio atlântico, já no século XVI. A contradição que o artigo apresenta, nesse aspecto, deixa clara a insuficiência dos termos "decadência" e "auge" como formas de caracterização da capitania. Por ser uma análise pautada na comparação com a economia do norte açucareiro, ela desconsidera as condições específicas da região de que trata.

Mesmo sendo fruto de uma pesquisa inovadora[80] sobre a capitania de São Paulo, a autora não consegue se ver livre dessa categorização, presente desde a tradicional historiografia "paulística", que analisamos anteriormente. Ainda assim, na conclusão do artigo, Canabrava ressalta que "A capital paulistana, aliás toda a capitania, está voltada para dentro, articulada para o interior, de onde emanam as correntes de sua riqueza".[81]

Suas fontes principais são os dados censitários de 1765 a 1767, a partir dos

---

78 HOLANDA, *op. cit.*, p. 139.
79 CANABRAVA, Alice Piffer. "Uma economia de decadência: Os níveis de riqueza na capitania de São Paulo, 1765-1767". In: _____. *História econômica: Estudos e pesquisa*. São Paulo: Editora Hucitec; UNESP; ABPHE, 2005, cap. 5, p. 169-202.
80 O artigo foi publicado originalmente em 1972, fazendo parte de um momento inaugural das pesquisas na área de demografia histórica.
81 CANABRAVA, *op. cit.*, p. 200.

quais a autora aponta a pobreza dos moradores. Para corroborar seus resultados, Canabrava faz uso de documentos oficiais acerca das condições da capitania, reproduzindo discursos que, como assinalado anteriormente, estavam a serviço de solicitações feitas à Coroa pelos habitantes e administradores paulistas. No item "O caminho das minas", do livro organizado por Maria Beatriz Nizza da Silva, a situação da capitania no século XVIII é vista de forma completamente diferente, a partir do questionamento do uso corrente das fontes e da comparação com os níveis de riqueza envolvidos no plantio de cana-de-açúcar. Segundo consta, "As Câmaras freqüentemente usaram da pobreza como argumento [...] em suas reivindicações junto às autoridades", quando, em verdade, a "pobreza não era sinônimo de decadência, mas sim de uma lavoura familiar, pouco recorrendo ao trabalho cativo, mas que alcançara, ainda no século XVII, um considerável grau de mercantilização".[82]

O caminho terrestre para o sul, por sua vez, foi uma preocupação da Coroa desde o início da colonização brasileira, tendo como objetivo realizar a integração dessa área.[83] As primeiras menções ao cumprimento dessa rota remontam ao período compreendido entre fins do século XVII e início do seguinte. Entretanto, a abertura inicial do caminho será levada a cabo apenas após o primeiro quartel do século XVIII. Sob ordens do então governador da capitania de São Vicente, Caldeira Pimentel, o sargento-mor Francisco de Souza e Faria executaria uma rota híbrida – parte por mar, parte por terra –, que terminaria por inaugurar o caminho terrestre que atingiria os Campos Gerais de Curitiba. Poucos anos depois, podemos falar já no Caminho de Viamão, que seria largamente utilizado nas estratégias militares e no tráfego de gado *vacum*, equinos e asininos. É nesse contexto que ganha importância a vila de Sorocaba, que sediava a feira de animais onde essa criação era negociada e revertida para outras porções da colônia, marcadamente, o norte, os sertões e o Rio de Janeiro. As feiras sorocabanas são, a um só tempo, centro de crescimento econômico e espaço para uma convivência em que imperavam valores ditos questionáveis, segundo Holanda.[84]

---

82 SILVA, *op. cit.*, p. 103-104.
83 CAMPOS, Pedro Moacyr (org.); HOLANDA, Sérgio Buarque de (org.). *História geral da civilização brasileira*, São Paulo: Difel, 1976, t. 1, v. 1.
84 CAMPOS, HOLANDA, *op. cit.*, p. 362-363.

É possível estender as análises da formação e consolidação dos caminhos que cruzavam a cidade de São Paulo, bem como das atividades econômicas e militares que os tornavam relevantes. Para não nos desviarmos do objeto central deste livro, referenciaremos apenas a apresentação sucinta da configuração dessas rotas, consolidada no artigo de Caio Prado Jr., "O fator geográfico na formação e no desenvolvimento da cidade de São Paulo".[85] De acordo com o autor, a cidade encontrava-se em posição privilegiada com relação aos caminhos de ligação das várias regiões da colônia. Na mesma linha, Holanda relata que "Alguns mapas e textos do século XVII apresentam-nos a vila de São Paulo como centro de amplo sistema de estradas expandindo-se rumo ao sertão e à costa", ressaltando "a singular importância dessas estradas para a região de Piratininga".[86] As atividades empreendidas pelo morgado de Mateus, durante seu governo, pautaram-se por essa condição, buscando extrair dela o melhor possível para o cumprimento de seus objetivos e marcando o período subsequente, recorte de nosso trabalho.

A cidade e a capitania, entre 1775 e 1809

Em 1775, D. Luís deixa o governo da capitania em meio a conflitos com a Coroa e a população paulista,[87] não sem antes produzir vasto material sobre suas condições, conforme referido anteriormente. Mapas de população, recenseamentos e relatórios foram realizados periodicamente, durante seus dez anos no comando, e permitem apreender os princípios de sua atuação, dentro dos quais as obras de construção e manutenção de caminhos eram essenciais. Ainda assim, a

---

85 PRADO Jr., Caio."O fator geográfico na formação e no desenvolvimento da cidade de São Paulo". In: _____. *Evolução política do Brasil e outros estudos*. São Paulo: Editora Brasiliense, 1975, p. 93-110.

86 HOLANDA, 1994, p. 19.

87 A constante necessidade de reforçar os quadros militares e o deslocamento compulsório e mal sucedido de pouco mais de trezentos habitantes para a vila de Iguatemi, no extremo oeste do sertão brasileiro, foram as principais causas de atrito entre o capitão-general, a população paulista e a Coroa. BELLOTTO, *op. cit.*, p. 323.

saída da forte figura do capitão-general não diminuiu a importância das obras públicas, uma vez que são mantidas – nos governos seguintes –, suas premissas iniciais, quais sejam, a intensificação da exploração econômica da capitania e a defesa dos territórios portugueses. É importante notar que as duas funções de que tratamos a todo momento – a proteção das fronteiras e a exploração econômica – nunca deixam de coexistir, ainda que uma ou outra tenha ganhado força em determinados momentos, em meio aos processos de delimitação de divisas e conflitos militares. Assim como o "movimento" de ocupação do interior da colônia, proposto por Sérgio Buarque de Holanda, o desenvolvimento desses dois tipos de atividades ocorreu por meio de oscilações periódicas, como veremos a seguir.

De acordo com Aureliano Leite,[88] uma tropa embarcou em Santos, com destino ao sul, em 1774, sendo seguida, dois anos depois, por "pelotões de voluntários reais".[89] Entre um envio de tropas e outro, o capitão-general Martim Lopes Lobo de Saldanha (1775-1782) – recém-empossado como governador da capitania – cria a Legião de São Paulo, para o auxílio da proteção das fronteiras em disputa. Concomitantemente, o corpo diplomático das duas nações ibéricas tentava negociar o desenho das aduanas, tendo por base documentos, mapas e memórias escritas por seus embaixadores. Após a revogação do Tratado de Madri, em 1761, por conta dos novos enfrentamentos na região do Prata, era necessário restabelecer os domínios portugueses.

> Afinal, a 1º de outubro de 1777, firmava-se novo tratado de limites, o Tratado de St. Ildefonso. Repetia-se, sem suas grandes linhas, a fronteira fixada em 1750 [Tratado de Madri]. As alterações eram: no tocante ao sul, a escolha do Xuí ao invés de Castilhos Grandes; a Colônia e os Sete Povos ficavam em definitivo com a Espanha.[90]

Além disso, os espanhóis comprometiam-se a devolver a Ilha de Santa Catarina. Uma vez firmado o acordo, formaram-se equipes técnicas, compostas por

---

88 LEITE, Aureliano. *História da Civilização Paulista*. São Paulo: Livraria Martins Editora, 1946.
89 *Ibidem*, p. 65.
90 CAMPOS; HOLANDA, *op. cit.*, p. 376.

membros das duas pátrias, com o objetivo de fazerem as demarcações complementares para o traçado dos limites. Seus trabalhos no território colonial foram bastante conturbados, com acusações mútuas de tentativas ilícitas de beneficiamento.[91] Por fim, a "fronteira entre os territórios portugueses e espanhóis continuava à mercê do mais ousado".[92]

Ainda assim, Lobo de Saldanha dá início ao retorno das tropas paulistas, então concentradas na região sul, sob o comando de três coronéis distintos.[93] Em 4 de janeiro de 1779, o capitão-general envia ofícios ao governador da Ilha de Santa Catarina e ao tenente-coronel Henrique Joze de Figueiredo, solicitando que remetessem à capitania de São Paulo os homens que essa enviara para o combate. Com a aproximação das tropas, segue-se uma sequência de cartas destinadas à cidade de Santos,[94] com indicações dos detalhes da jornada, incluindo a compra de mantimentos para o curso da viagem. Como não havia embarcação disponível na ilha, uma seria enviada de Santos. Enquanto ela não chegasse, Lobo de Saldanha autorizava a dispensa daqueles que os coronéis acreditassem que não causariam distúrbio à ordem. Em abril do mesmo ano, ele emite dois ofícios, sendo um para comunicar ciência de que as tropas já haviam chegado a Santos[95] e outro, vinte dias depois, em que dava conta de que estavam no Ipiranga, ou seja, próximos à sede da capitania.[96] Segundo Aureliano Leite, é apenas em 1780 que, de fato, "regressam do Rio-Grande do Sul, sendo recebidas festivamente, as forças paulistas".[97] Sua cronologia, entretanto,

---

[91] Apesar do sucesso limitado, esses trabalhos ampliaram significativamente o conhecimento das metrópoles sobre seus domínios, em função da vasta produção de material cartográfico e de relatórios acerca das áreas em disputa. *Ibidem*, p. 377-378.

[92] *Ibidem*, p. 378.

[93] ARQUIVO PÚBLICO DO ESTADO DE SÃO PAULO. *Documentos interessantes para a história e costumes de São Paulo*. São Paulo: Casa Eclética, 1961, v. 89, p. 103.

[94] *Ibidem*, p. 109-116.

[95] *Ibidem*, p. 149-151.

[96] *Ibidem*, p. 163-164.

[97] LEITE, *op. cit.*, p. 65.

é bastante simplificada, e a correspondência dos capitães-generais, publicada na série *Documentos interessantes para a história e costumes de São Paulo*, traz os detalhes dos acontecimentos.

Embora o alistamento compulsório de homens continuasse ocorrendo, mesmo após a assinatura do Tratado de Santo Ildefonso podemos dizer que se instaurou um período de relativa trégua e as obras intensificaram-se, apontando a alteração das ações dos governadores e da Coroa sobre o território paulista. Desde o governo de D. Luís, o cultivo e a exportação de cana-de-açúcar já vinham sendo incentivados. O sucesso dessa empreitada resulta no redirecionamento de uma parte dos recursos da capitania. Da mesma forma, a volta dos homens, antes aquartelados no sul, significa o súbito aumento da população da cidade e dos braços disponíveis para ofícios diversos. Se antes os governadores preocupavam-se com o pagamento de soldos a esses homens, agora eles tinham em mente as necessidades de abastecimento e de promover possibilidades de sustento – também – para esse contingente populacional. Segundo Affonso de E. Taunay, os capitães-generais conseguintes dedicaram-se com mais intensidade às obras municipais na sede da capitania, além das comunicações.[98] Enquanto D. Luís foi criticado por sua "atuação militarizadora excessiva",[99] os demais governadores puderam executar melhorias na cidade e na capitania de São Paulo.

As obras públicas eram realizadas sob comando do governador ou da Câmara municipal, havendo entre eles certa possibilidade de sobreposição. Os ofícios enviados pelos capitães-generais permitem traçar essas situações, no período estudado. Segundo Leite, é em 1781, pouco antes de solicitar à Coroa portuguesa sua resignação, que Martim Lopes Lobo de Saldanha ordena o alargamento do caminho entre São Paulo e Santos.[100]

Os ofícios enviados por esse governador mostram-nos as etapas dessa obra. Entre 1780 e 1781, Lobo de Saldanha mobilizará as câmaras de outras vilas pau-

---

98 TAUNAY, Affonso de E. *História da cidade de São Paulo*. São Paulo: Edições Melhoramentos, 1953, v. 2, pt. 1, cap. XX e XXI, p. 125-134.

99 *Ibidem*, p. 126.

100 LEITE, *op. cit.*, p. 65.

listas, assim como certas figuras de destaque, a fim de arrecadar as contribuições necessárias para as obras de melhoramentos dos caminhos que ligavam São Paulo a Cubatão e essa a Santos. Serão enviadas orientações às câmaras de São Paulo, Santos, São Vicente, Itu, Parnaíba, Mogi Mirim e Atibaia, além de pedidos diversos – ao sargento-mor Antonio Joze Carvalho, o juiz de fora Marcelino Pereira Cleto, o coronel Bonifacio Joze de Andrada e o sargento-mor Francisco Barreto, todos de Santos; a Claudio de Madureira Calheiros e o sargento-mor de ordenanças Francisco Ribeiro de Moraes Pedrozo, de Sorocaba; e ao sargento-mor Domingos Dias Leme, de Jundiaí. Por vezes, Lobo de Saldanha dirigia-se diretamente ao capitão-mor de alguma vila.

Suas instruções versavam sobre as quantias que cada localidade ou pessoa deveria enviar, ao mesmo tempo em que informavam a respeito do andamento das obras. Os aportes podiam ser substituídos pela prestação de serviços ou pela disponibilidade de braços para o trabalho quando a vila fosse considerada pobre. Nos pedidos individuais, por vezes, o governador estava apenas descontando uma dívida não paga, considerando-a como uma contribuição às obras.

O então capitão-general era consciente da importância da rota para o mar – em outras palavras, para o porto – e do caráter geral dos benefícios dessa obra para a capitania. Em seu primeiro ofício sobre o assunto (enviado a várias vilas, incluindo São Paulo), ainda sem referir-se às obras propriamente ditas, ele invoca a necessidade da boa manutenção das estradas que levam a Santos.

> Sendo indispensavelm.te necessário aos interesses da Real Faz.da de todas as Povoaçoens desta Capitania, e de cada hú dos particulares nellas estabelecidos, q. se conserve praticavel, e bom q.to possa ser, o caminho que há desta Cid.e p.a a Villa de Santos, por haver na referida Villa o porto principal, e a bem dizer, unico por onde se move o Comercio desta Capitania, e de outras mais, não se tem feito nelle de m.tos annos a esta parte reparo algum, de sorte q. se vê na ultima ruína, e dificultozam.te praticavel [...].[101]

---

101 Ofício de 25 de abril de 1780. ARQUIVO PÚBLICO DO ESTADO DE SÃO PAULO, *op. cit.*, v. 83, p. 129-130.

Essa carta deixa entrever a guinada das preocupações da administração da capitania e da Coroa. Até aquele momento, o papel de centro de defesa das fronteiras a oeste e ao sul da colônia solicitava quase a totalidade da renda e dos homens válidos de São Paulo, ainda que o desenvolvimento econômico fosse essencial até mesmo para o cumprimento da função militar. Com certa calmaria, conquistada pelo Tratado de Santo Ildefonso, o foco volta-se para a exploração dos recursos naturais, com vistas ao mercado europeu, a partir do que faz sentido a concentração de esforços no melhoramento das comunicações de escoamento. Ao deixar o governo da capitania, assumido a seguir por Francisco da Cunha Menezes (1782-1786), Lobo de Saldanha pede à Câmara de São Paulo que prossiga "fazendo aprontar o caminho de terra com a mayor perfeição".[102] É ainda Saldanha quem vai "extinguir o sinistro presídio de Iguatemi",[103] pondo fim ao polêmico projeto do Morgado de Mateus, que lhe valeu muito desgaste com a população e a Coroa.

Menezes, por sua vez, vai ocupar-se muito mais das obras municipais, na sede da capitania, a saber, a Catedral da Sé, a Cadeia, o aterrado da Ponte de Santana e outros melhoramentos urbanos,[104] buscando compensar a "decadência"[105] em que a cidade se encontrava. Taunay atribui-lhe "o empenho em promover o calçamento da cidade, abriu rua do Pátio de São Bento em direção à Luz e fêz construir sólido aterrado através da Várzea do Carmo, ligando a cidade ao bairro do Brás", sendo que "esta última obra êle a realizou a expensas próprias".[106]

Seu sucessor, o governador interino José Raimundo Chichorro da Gama Lobo (1786-1788), além de dar continuidade aos melhoramentos no Caminho do Mar, consolidou a passagem por detrás das casas da Rua de São Bento, já

---

102 Ofício de 28 de agosto de 1781. *Ibidem*, p. 162.

103 TAUNAY, *op. cit.*, p. 127.

104 Segundo a introdução do volume que contém ofícios do capitão-general Francisco da Cunha Menezes, ele teria iniciado o calçamento de várias ruas e executado o aterro da Várzea do Carmo, a construção de passagem adequada sobre o Rio Tamanduateí e a abertura de novas vias. ARQUIVO PÚBLICO DO ESTADO DE SÃO PAULO, *op. cit.*, v. 85.

105 LEITE, *op. cit.*, p. 65.

106 TAUNAY, *op. cit.*, p. 129.

usada pelos moradores, que se chamaria posteriormente de Rua de São José. Financiando boa parte das obras, ele ordenou também a construção da Ponte do Acu, feita em pedra e também referida como Ponte do Marechal (seu título militar), que era uma passagem por sobre o Rio Anhangabaú, no caminho que chegava à freguesia de Santa Efigênia.[107] Suas obras miravam a área que, em poucas décadas, seria um importante vetor de crescimento e valorizaçãona cidade: a chamada Cidade Nova, na porção oeste, ao lado da margem então pouco ocupada daquele rio.

Após seu governo, assumiu Bernardo José Maria Lorena e Silveira (1788-1797), responsável por várias "obras de engenharia tendo-se [...] cercado de valiosos colaboradores", a saber, João da Costa Ferreira, Antônio Rodrigues Montesinho e Daniel Pedro Müller.[108] O governador também ordenou a construção de uma ponte sobre o Rio Anhangabaú, chamada de Ponte do Lorena, que ligava o convento franciscano à saída para Itu. Novamente, tratava-se da área oeste que, a partir da primeira década do século XIX, seria arruada e loteada.[109]

Segundo Leite, Lorena foi responsável pela "confecção de um 'plano novo para guiar a cidade no seu desenvolvimento'",[110] em 1788, para o qual é realizado um levantamento cartográfico da área urbana. Outras construções devidas a ele, na capital, foram o Teatro de Ópera – "o primeiro prédio regular para apresentações"[111] da capital –, "sua primeira grande fonte pública, o Chafariz da Misericórdia, [e] o quartel da fôrça de linha da guarnição local", além do

> empedramento do aspérrimo trecho da Serra no Caminho do Mar [...] obra para aquêle tempo realmente extraordinária, da qual decorreram consideráveis benefícios pelo aumento do trânsito dos gêneros de exportação.[112]

---

107 *Ibidem*, p. 129.
108 *Ibidem*, p. 130.
109 Veremos detalhes desse processo no Capítulo 2.
110 LEITE, *op. cit.*, p. 66.
111 LEITE, *op. cit.*, p. 67.
112 TAUNAY, *op. cit.*, p. 130.

Deixando em segundo plano as funções militares, a capitania volta-se para as possibilidades de inserir-se no mercado internacional, favorecida pelo enriquecimento de uma parcela da população, gerado principalmente por suas atividades comerciais de abastecimento da colônia.[113]

Antônio Manoel de Melo Castro e Mendonça (1797-1802) mantém esses esforços ao enviar boa parte da produção açucareira da capitania para o exterior e promover a manutenção das comunicações entre o planalto e o litoral.[114] As primeiras experiências de plantio de café – em Santos e adjacências e na Fazenda Casa Verde, em São Paulo – também serão destinadas ao mercado europeu já em 1795, de acordo com Leite.[115] A rubiácea não era ainda objeto de investimentos intensos, mas já coexistia com a cana-de-açúcar, em algumas áreas da capitania. Para Taunay, apesar das boas iniciativas de seu governo – que incluíam a exploração de reservas minerais, o "reforço e a melhoria do abastecimento de água, [e] o estabelecimento de feiras no bairro da Luz" –, Mendonça também possuía forte índole militarizadora, cuja manutenção era custosa para os recursos públicos.[116] Seu sucessor, Antônio José da Franca e Horta (1802-1811), não fez diferente. Foi durante seu governo que ocorreu um incidente marcante, símbolo da opressão dos recrutamentos militares – compulsórios e indiscriminados, desde a administração do morgado de Mateus. Em 1808, durante a celebração do *Corpus Christi*, Franca e Horta aproveitou-se da concentração da população, reunida na cidade de São Paulo para as festas religiosas, e levou-a forçosamente ao Palácio do Governo, para realizar seu alistamento.

As conquistas e os conflitos criados pela campanha do imperador francês Napoleão Bonaparte resultaram no aumento das tensões entre Portugal e Espanha e, portanto, entre suas colônias. Em meio à transferência da corte lusitana

---

113 Referimo-nos, mais uma vez, aos trabalhos de John Manuel Monteiro (2000), Ilana Blaj (2002) e Maria Aparecida de Menezes Borrego (2010), entre outros, citados anteriormente, que apontam, em diferentes contextos, a constituição de fortunas pelos paulistas envolvidos em atividades de comércio e crédito.

114 TAUNAY, *op. cit.*, p. 133.

115 LEITE, *op. cit.*, p. 68.

116 TAUNAY, *op. cit., p.* 132.

para o Brasil, efetivada em 1808, a busca pela garantia da soberania do império português acirrou novamente as disputas pelos territórios platinos. Após o aquartelamento obrigatório do ano anterior, "Já em janeiro de 1809 deslocava-se para o Sul a Legião Paulista".[117]

É a partir desse período que o engenheiro Daniel Pedro Müller,[118] elevado a sargento-mor em 1805,[119] passa a atuar intensamente. A série "Acervo permanente: Colônia", do APESP, contém dezenas de ofícios referentes a obras na capitania de São Paulo,[120] incluindo o material relativo àquelas conduzidas por Müller. Essa documentação é composta, em sua maioria, por seus ofícios e cartas acerca das obras de estradas entre cidades do interior da capitania e o porto de Santos, além de pontes e aterrados. Entre 1810 e 1820, as obras da Estrada para Cubatão incluíam construções complementares na cidade de São Paulo, a saber, o aqueduto para o Cambuci, o obelisco do Piques com conserto do rego e o aterrado de Santana. Além disso, previa-se o povoamento do caminho, com sua ocupação por

---

117 TAUNAY, op. cit., p. 134.

118 Segundo seus biógrafos, Daniel Pedro Müller haveria nascido "no mar, em viagem da Alemanha para Lisboa, entre 1775 e 1779 [...] Em 1802, veio para o Brasil, acompanhando, como ajudante de ordens, o novo governador da capitania de São Paulo, Antônio José de Franca e Horta". NEVES, Lúcia Maria Bastos P. "Luzes nas bibliotecas de Francisco Agostinho Gomes e Daniel Pedro Müller, dois intelectuais luso-brasileiros". In: CONGRESSO INTERNACIONAL ESPAÇO ATLÂNTICO DE ANTIGO REGIME, 2005, Lisboa. *Actas do Congresso Internacional Espaço Atlântico de Antigo Regime: Poderes e sociedades*. Lisboa: Instituto de Investigação Científica Tropical (IICT); Centro de História de Além-Mar (CHAM), Universidade Nova de Lisboa. Disponível em: <http://cvc.instituto-amoes.pt/eaar/coloquio/comunicacoes/lucia_maria_bastos_neves.pdf>. Acesso em: 20 Jun. 2010. Ainda que seja informação contraditória, o engenheiro de origem luso-germânica é apontado por Saint-Hilaire como projetista da Praça dos Curros (atual Praça da República).Entretanto, os documentos concernentes a tal obra são de 1792 e 1794, de modo que há uma disparidade com relação às informações referentes à data de sua chegada ao Brasil. SAINT-HILAIRE, op. cit., p. 156.

119 Arquivo Público do Estado de São Paulo, série "Documentos manuscritos avulsos da capitania de São Paulo", doc. 1.200, 1805.

120 Arquivo Público do Estado de São Paulo, série "Acervo permanente: Colônia", lata C00241, 1747-1822.

seis ou sete famílias distribuídas ao longo do trajeto. As indicações referentes às obras misturam-se costumeiramente àquelas sobre armamento, contingente militar e deslocamento dos milicianos, evidenciando, mais uma vez, a estreita ligação entre esses temas e a guinada nas prioridades da administração pública.

As modificações impostas pela mudança da sede da corte não se restringem às terras coloniais. Para incrementar a arrecadação e o orçamento público, "prédios urbanos habitados, na Corte, cidades, vilas e lugares notáveis na faixa litorânea, exceto os da Ásia e os das Casas de Misericórdia, passavam a pagar anualmente para a Fazenda Real 10% do rendimento líquido". No ano seguinte, as povoações situadas além da costa passariam a ser incluídas nas regiões tributáveis, dentro das mesmas regras das demais.[121] Tratava-se da criação da Décima Urbana, em alvará de 27 de junho de 1808, primeiro imposto predial sobre terras urbanas.

Em São Paulo, apesar do atraso em quase um ano, a implementação do imposto resulta em mudanças na própria organização da cidade. Carlos Lemos remete-se à sessão da Câmara paulista de 5 de novembro de 1809, em que a municipalidade contrata Silvestre da Silva para numerar as edificações urbanas, pagando-lhe 52$000 e fornecendo-lhe os materiais necessários à empreitada.[122] Tomamos, portanto, o primeiro ano de cobrança da Décima e fim da administração de Franca e Horta como um marco de ruptura, que encerra o período de intensa realização de obras públicas, iniciado no governo de Lobo de Saldanha, por conta do apaziguamento dos conflitos nas fronteiras ao sul da colônia.

O período em questão, que compreende os anos entre 1775 e 1809, é marcado por um crescimento contínuo da população e da riqueza na capitania paulista. Maria Luiza Marcílio, ao analisar os dados censitários e de produção agrícola, observa que "o crescimento demográfico foi, a partir de 1765, constantemente elevado".[123] A mesma autora afirma que

---

121 GLEZER, Raquel. *Chão de terra e outros ensaios sobre São Paulo*. São Paulo: Alameda, 2007, p. 72-73.

122 LEMOS, *op. cit.*, p. 167.

123 MARCÍLIO, Maria Luiza. *Crescimento demográfico e evolução agrária paulista: 1700-1836*. São Paulo: Editora da Universidade de São Paulo, 1992, p. 191.

> Essa intensificação [do uso do solo] permitiu o ingresso da agricultura da roça de mantimentos e de subsistência numa economia de mercado-interno, primeiramente como resposta ao estímulo criado pela região da mineração. Lentamente uma economia um pouco mais monetária ia penetrando em certas áreas do território paulista.[124]

Como apresentado anteriormente, podemos apreender que, nesses anos, as obras públicas foram constantes, fossem elas ordenadas pelos governadores ou pelos camarários.[125] Nos movimentos periódicos de fortalecimento de uma ou outra atividade na capitania paulista, o período em questão foi um dos momentos em que as construções urbanas ganharam destaque. No primeiro capítulo da segunda parte da obra *História da cidade de São Paulo no século XVIII*,[126] volume 2, Taunay descreve a precariedade em que se via a Câmara de São Paulo, no final do setecentos, a partir de informações sobre seu orçamento e suas dívidas. Esses dados apontam para os percalços frequentes enfrentados pela administração pública no pagamento de seus funcionários e no cumprimento de suas funções – entre as quais, as obras.

> A 10 de outubro de 1792 aos seus pares expunha o Procurador José Antonio Teixeira de Carvalho o péssimo estado das finanças municipais. Devia a cidade bem perto de quatro mil cruzados (1:600$000) e a decadente estado se iam reduzindo as rendas principais que formavam o patrimônio do Conselho [...].
>
> Não havia dinheiro para coisa alguma. Achavam-se as entradas "mais principais" da cidade em estado ruinoso e era preciso edificar os canos do chafariz recentemente construído![127]

---

124 *Ibidem*, p. 192.

125 No Capítulo 3, trataremos especificamente das obras organizadas e ordenadas pela Câmara paulista, nesse período.

126 TAUNAY, Affonso de E. *História da cidade de São Paulo no século XVIII*. São Paulo: Divisão do Arquivo Histórico, 1951, v. 2, pt.2.

127 *Ibidem*, p. 6-7.

A descrição feita pelo autor conjuga-se às interpretações da São Paulo pobre e estagnada. Mais uma vez, não podemos tomar esses como valores absolutos. O próprio conteúdo desse volume, especialmente em sua primeira parte, apresenta-nos diversos tipos de obras que, mesmo em meio ao baixo orçamento e à falta de contribuições, eram levadas a cabo e movimentavam não apenas as finanças da cidade, como sua população.

Podemos fazer uso do conceito de movimento usado por Sérgio Buarque de Holanda, traçando um paralelo entre a ocupação da capitania e a dinâmica criada pelas obras públicas. Assim como o estabelecimento das rotas pelo sertão da colônia deu-se em meio à volubilidade das ações de desbravamento e ocupação, veremos que as obras públicas na cidade de São Paulo, em fins do século XVIII, constituíram-se como dinâmica regular, apesar das dificuldades expressas pela documentação no que diz respeito ao financiamento, aos materiais e à mão de obra. Uma vez desfeitas as imagens de decadência e esvaziamento da cidade e da capitania de São Paulo e apresentadas as evidências da existência do trabalho constante de construção e reformulação do espaço e das edificações urbanas, podemos deter-nos nessa atividade específica.

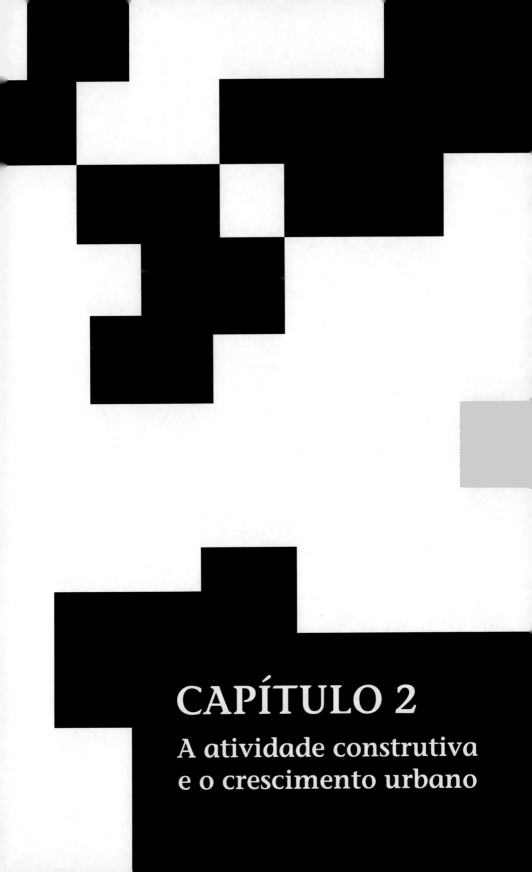

CAPÍTULO 2
A atividade construtiva e o crescimento urbano

A partir da revisão das teses que sustentam a ideia de que, no final do período colonial, a cidade de São Paulo era pobre e isolada, verificamos que, ao contrário, sua população aumentava e suas atividades econômicas eram crescentes reforçando as comunicações para os sertões, o sul e o litoral. No capítulo presente, apresentaremos a relação entre essa configuração – na escala da colônia – e a ocorrência das obras públicas, dentro dos limites municipais e em suas franjas, onde a cidade dava lugar às estradas e encontrava-se com seus subúrbios.

Em confronto com uma breve análise da forma como a atividade construtiva no período colonial é tratada na bibliografia pertinente, a documentação pesquisada – referente aos registros de despesas com obras públicas –, é a fonte principal para as discussões propostas a seguir: as características das formas de organização das empreitadas, as funções e a realização do trabalho no interior do canteiro e os variados graus de envolvimento, obrigação e comprometimento da população com as obras.

A ORGANIZAÇÃO DAS OBRAS PÚBLICAS

Como apontado no capítulo anterior, a frequência das obras públicas entre 1775 e 1809 é resultado da diminuição dos conflitos nas fronteiras ao sul da colônia e do relativo sucesso das empreitadas de exploração econômica iniciadas em décadas anteriores. A presença da Coroa já era sensivelmente maior durante as guerras no sul – para as quais também era indispensável a criação e manutenção das comunicações por terra –, de modo que foi possível redirecionar os braços e recursos então liberados. Os conflitos militares e as obras de construção e manutenção das comunicações eram dois aspectos complementares, no final do século XVIII, segundo Benedito Lima de Toledo.[1]

O mesmo autor, na obra *São Paulo: Três cidades em um século*, faz um breve relato das obras do período, ilustrando as transformações pelas quais passou a "cidade de taipa".[2] Toledo descreve as técnicas construtivas e os materiais empregados e enumera as principais obras do período, entre pontes, calçamentos e edificações. No texto, o autor nomeia algumas figuras de relevo envolvidas nessa atividade, tais como o capitão-general Lorena, o brigadeiro João da Costa Ferreira (responsável por alguns dos projetos) e o mestre pedreiro Thebas.[3] Sua análise das obras tem como base o estudo da atuação desses homens, símbolos da atividade construtiva.

Podemos revisar a exposição de Toledo nos apropriando do debate proposto por Beatriz Piccolotto Siqueira Bueno no artigo "Sistema de produção da arquiteturana cidade colonial brasileira – Mestres de ofício, 'riscos' e 'traças'".[4] A historiadora imputa aos pesquisadores vinculados ao SPHAN (Serviço do Patrimônio Histórico e Artístico Nacional, criado em 1937) a disseminação da ideia de autoria individual das construções coloniais brasileiras que, no entanto, não seria acurada, uma vez que as obras tinham um processo de projeto mais dilatado, em comparação com o atual. Engenheiros-militares e mestres de ofícios aplicavam seus "costumes" e conhecimentos em etapas sucessivas de desenho das obras, do que resulta descabida a atri-

---

1 Segundo o autor, o final do século XVIII, durante as sucessivas administrações dos capitães-generais, foi marcado por intervenções do poder público, com intuito de consolidar os domínios portugueses no sul da colônia. TOLEDO, Benedito Lima de. *O real corpo de engenheiros na capitania de São Paulo*. São Paulo: João Fortes Engenharia, 1981.

2 Segundo o autor a cidade de São Paulo passou por dois momentos de renascimento, ao longo do século XIX, conformando três cidades de características distintas. A primeira delas, no início do século, tem como condição marcante o uso da taipa em praticamente todas as edificações. Idem. *São Paulo: Três cidades em um século*. São Paulo: Cosac Naify; Duas Cidades, 2004.

3 *Ibidem*, p. 14-15.

4 BUENO, Beatriz Piccolotto Siqueira. "Sistema de produção da arquitetura na cidade colonial brasileira – Mestres de ofício, 'riscos' e 'traças'". *Anais do Museu Paulista*. São Paulo, v.20, n.1, p. 321-361, Jan./Jun., 2012.

buição de uma autoria individualizada. Para Bueno, "Mais do que buscar a 'autoria', o 'inventor', o 'gênio criador', é fundamental analisar a cadeia produtiva, abrangendo desde portugueses natos a mestiços, escravos e índios".[5]

A autora também destaca figuras regularmente relacionadas às obras desse período, tais como mestre Valentim e Aleijadinho, além do próprio mestre Thebas. Apesar de não tratarmos da mesma questão que concerne Bueno – a autoria das obras vista a partir da atuação dos engenheiros e mestres –, compartilhamos de sua proposta de investigação, que entende as obras como produções coletivas, nas quais se envolvem trabalhadores e outros habitantes, nas mais diversas tarefas.

Outro ponto relevante do mesmo artigo diz respeito à comprovação da recorrência das obras em oposição às visões de que seriam empreitadas isoladas, levadas a cabo por meio do improviso. Em acréscimo à argumentação que conduzimos – sobre a indispensabilidade das obras no período estudado – Bueno enumera as diversas manifestações de ordenação dessa atividade. Ainda que não houvesse um só código que desse conta de cada etapa dos trabalhos de construção, várias instâncias administrativas atuavam na função de legislar as obras. As reuniões da Câmara incidiam sobre os preços de materiais e jornais de cada ofício; as posturas municipais estabeleciam procedimentos para arrematação e contratação; e as Ordenações Filipinas continham o arcabouço jurídico que inspirava essas regulamentações.[6]

No entanto, as informações sobre os mecanismos de comando, organização e execução das obras são dispersas e de difícil apreciação como conjunto. Nesse sentido, a articulação entre os documentos de receitas e despesas da Câmara de São Paulo, as atas de suas reuniões e a correspondência dos capitães-generais permitem entrever os procedimentos usados que, além de serem pautados por legislações variadas, seguiam costumes regulares. Isso pode ser interpretado a partir da observação da repetição de certos expedientes, além das trocas de cartas entre participantes de obras, em que esses justificam alterações na forma de con-

---

5 BUENO, *op. cit.*, p. 344.

6 Listamos aqui os mecanismos legislativos referentes a obras públicas municipais. No caso de obras particulares ou religiosas, eram mobilizados outros espaços de discussão e regulamentação. *Ibidem*, p. 325-326.

dução das atividades – é o que veremos a seguir. É indispensável notar que, dentro desse acervo, não se encontram contratos de arrematação nem projetos de obras, mesmo que fossem também empreitadas coordenadas pela Câmara.

As obras públicas municipais, ainda que pudessem ser solicitadas por habitantes comuns – ou seja, que não fossem vereadores, escrivães, procuradores, tesoureiros ou oficiais –, eram ordenadas pela Câmara. Os livros das *Actas da Câmara*[7] são, portanto, um ponto de partida conveniente para a apreensão das obras, visto que contêm boa parte de seus registros de cronologia e desenvolvimento. Esses registros elencam – ao menos parcialmente – as etapas de cada obra (solicitação, arrecadamento de recursos, arrematação, avaliação dos trabalhos, definição dos encarregados etc.), sobre as quais nos debruçaremos ainda nesse capítulo. A participação dos capitães-generais nas decisões relativas ao espaço da cidade e às suas comunicações era constante, nesse período, como vemos pelo conteúdo das cartas trocadas entre eles e as câmaras da sede da capitania e das demais vilas.

As *Actas* e as cartas fornecem principalmente informações acerca dos processos de decisão e as negociações necessárias à execução das obras, trazendo poucos dados sobre a atividade construtiva em si e seus participantes. É nesse sentido que consultamos a documentação de receitas e despesas da Câmara relativa às obras públicas, encontrada no AHMWL, conforme descrito na Apresentação. Na sequência, detalharemos os tipos de documentos encontrados nesse conjunto, complementando com a reprodução fotográfica quando necessário. A apresentação dessa fonte é indispensável já que, além das informações contidas, a própria redação dos documentos traz à tona algumas características das atividades de obras, essenciais à análise que conduzimos.

Registros das obras: forma e conteúdo

Dentro da documentação de receitas e despesas, as cartas são poucas, mas ilustram as percepções de uma parte da população acerca da construção do espaço

---

7   PREFEITURA DO MUNICÍPIO DE SÃO PAULO. *Actas da Câmara da cidade de São Paulo*. São Paulo: Tipografia Piratininga, a partir de 1915.

e dos interesses comuns, por meio de sua relação com o poder público. Em 21 de fevereiro de 1789, o sargento Manoel Joze Gomes escreve à Câmara, também em nome de outros moradores, para solicitar que fossem tomadas providências contra os arroubos de escravos fugidos, que assolavam a cidade. Subtração de aves, ferimentos de animais, destruição de plantações, roubo de roupas das lavadeiras, facilitação do escape de outros cativos e agressão àqueles que não aceitavam fugir são alguns dos exemplos de ações supostamente cometidas por esses homens.

Em 1776, o sargento estava ausente, provavelmente engajado em disputas militares, mas sua mulher e seus filhos encontravam-se na Rua do Comércio.[8] Menos de vinte anos depois, em 1794, o solicitante, então com 56 anos, encontrava-se na cidade e residia à Rua da Quitanda – transversal de seu local de moradia anterior –, com sua família, um agregado e 12 escravos.[9] Sua morada havia sofrido, portanto, um pequeno deslocamento. Sabemos, pela carta, que ele possuía também uma chácara no subúrbio da cidade, em que plantava para sua subsistência, segundo o censo de 1798.[10] Nesse ano, uma família agregada – cujos membros são precavidamente descritos como "brancos" – soma-se a seu domicílio, bem como mais cinco escravos. A posse de cativos, tomada como forma de avaliar a riqueza da população, indica que o sargento teve significativa melhora em suas condições num período de apenas quatro anos.

Dentro desse panorama, as preocupações de Manoel Joze Gomes com os potenciais estragos materiais e morais causados pelos escravos fugidos é compreensível. Assim, o sargento pede a perseguição e a prisão imediatas desses criminosos, cuja punição serviria de exemplo aos demais. Após serem levados ao pelourinho, diz Gomes que os escravos deveriam ser encaminhados "para trabalharem

---

8 A Rua do Comércio só passa a ser conhecida como tal a partir do "Mappa da Cidade de São Paulo e seus Suburbios", de 1840. MAPPA da Cidade de São Paulo e seus Suburbios. No censo de 1776, ela é referida como "Rua que principia da Lapa até a Misericórdia com suas travessas". In: PREFEITURA DO MUNICÍPIO DE SÃO PAULO. *IV Centenário da fundação da cidade de São Paulo*. São Paulo: Prefeitura do Município de São Paulo, 1954. MP-1776.

9 MP-1794.

10 MP-1798.

nas obras publicas da Cidade comque VossaExcelencia tanto Seesmera".[11] Destacamos que o sargento não está sugerindo o emprego de escravos nas atividades de obras mas, sim, o trabalho compulsório dos presos que, como veremos, era expediente ordinário no período. Além disso, podemos concluir que as obras tinham frequência e relevância tais que faziam parte das atividades regulares da municipalidade e de seus habitantes, tanto como trabalhadores quanto como observadores. As alterações no espaço e as novas construções eram, portanto, matéria da população em geral e não apenas daqueles que estavam diretamente envolvidos.

Entretanto, encontramos também requerimentos específicos com relação às obras. Em missiva sem data, o então carcereiro Floriano da Veiga relata o estado deplorável em que estava a cadeia da cidade. Dirigindo-se à Câmara, ele aponta a falta de homens para garantir a segurança e a própria fragilidade física da edificação, que facilitaria fugas.[12] O capitão do bairro[13] de Santana, Joze Antonio da Silva reconhece, em 1783, que "hus perdem a Saude Eoutros as vidas",[14] em função do estado da cadeia. No entanto, ele alega não poder contribuir para as obras de reparo, naquele momento.[15]

Os recibos – comumente referidos como "bilhetes" – são de fins variados, tais como compra de materiais de construção ou alimentos para os presos, execução de serviços (carradas de pedras ou trabalhos de pedreiros, pintores, taipeiros e carpinteiros) e contribuições. De modo geral, constam nos recibos o creditado, o pagante, o motivo do pagamento e o reconhecimento do escrivão da Câmara, ou seja, esse tipo de documento cristaliza a relação entre os trabalhadores que estavam no canteiro, os responsáveis pela supervisão desse trabalho e a autoridade municipal, ordenadora inicial do trabalho. A seguir, apresentaremos alguns desses

---

11 FCMSP-42.

12 *Idem.*

13 Para fins militares e administrativos, eram designados capitães para os bairros e as freguesias, que não contavam com Câmaras próprias.

14 FCMSP-42.

15 O carcereiro não foi encontrado nos censos tabulados, de modo que não é possível saber se as duas missivas são do mesmo período. MP-1776/1794/1798.

documentos de obras diversas, que apontam questões pertinentes às atividades construtivas de modo geral nesse período, no que diz respeito às características da população envolvida.

É possível constatar, nos recibos, que as obras reuniam habitantes bastante diferentes. Boa parte dos prestadores de serviços era iletrada, de modo que suas assinaturas são de caligrafia visivelmente precária em relação à do escrivão ou procurador da Câmara que redige o bilhete. Não raro, sua rubrica é apenas em cruz ou era requisitado a um terceiro que assinasse por eles. Os detalhes das figuras 2.1 a 2.6 exemplificam essas condições.

Alguns recibos são integralmente escritos pelos trabalhadores – e não por funcionários ou enviados da Câmara –, deixando ainda mais claro o contraste do nível de instrução desses habitantes, especialmente se comparados à caligrafia de homens de prestígio da cidade. Na Figura 2.7, temos bilhetes passados por Domingos Roiz Maia, pelos jornais de seu escravo Manoel que trabalhou na reforma da cadeia, e por Luiz Antonio de Souza, que forneceu sacos para a condução de cal para as obras da Ponte do Anhangabaú. O que o confronto desses documentos nos mostra é a variedade de habitantes da cidade envolvidos com as obras. O futuro brigadeiro era um homem de posses que, assim como Maia, empregava seus escravos como forma de obtenção de renda. Ambos fazem parte do heterogêneo rol de trabalhadores e envolvidos em obras públicas, que se constituem como um grupo por meio dessa atividade e não por suas características socioeconômicas.

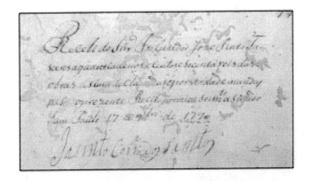

Figura 2.1 – Recibo assinado pelo ferreiro Jacinto Correa dos Santos, mas não por ele redigido

Figura 2.2 – Rubrica do mestre carpinteiro Salvador da Costa, em contraste com a caligrafia do redator do documento

Figura 2.3 – Bilhete das obras na Praça do Curro, assinado por Joze de Miranda, morador do bairro de Embuaçava, próximo a Pinheiros

Figura 2.4 – Recibo de pagamento do ferreiro Joze da Silva, por uma grade feita para a Cadeia

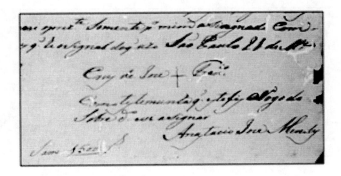

Figura 2.5 – Assinatura em cruz do carpinteiro Joze Francisco, em bilhete cujas informações foram asseguradas por Anastacio Joze Mendes

Figura 2.6 – Relação de despesas assinada por Joze Roiz de Almeida, a rogo de Joaquim Pires de Oliveira. Coube a Manoel dos Santos testemunhar o cumprimento do pedido

A maior parte dos recibos registra o pagamento dos trabalhadores. Como exemplo, na Figura 2.8, reproduzimos o documento do sargento Aleixo do Amaral Moreira, então supervisor das obras do Chafariz, que escreve dois bilhetes numa mesma folha, atestando o recebimento de dinheiro do procurador da Câmara, Joaquim Barboza de Araujo, para dois pagamentos diversos, ambos realizados no ano de 1793. O primeiro é relativo ao trabalho de quatro escravos, e o segundo, de um pedreiro e dois escravos.

Figura 2.7 – Comparação entre as caligrafias de Domingos Roiz Maia e do futuro brigadeiro Luiz Antonio de Souza

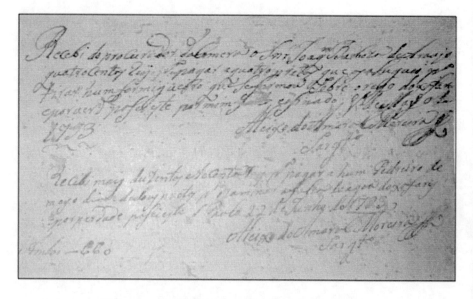

Figura 2.8 – Recibos de serviços diversos feitos para a obra do Chafariz da Misericórdia

Além do trabalho de terceiros, há outros dois tipos de recibo recorrentes, o de compra de materiais e o de mantimentos para o trabalho dos presos – ou, em raras ocasiões, de índios. Em 6 de outubro de 1789, Silvestre da Silva[16] assina bilhete

---

16 O mesmo foi responsável pela numeração das edificações da cidade, em 1809, conforme descrito no Capítulo 1.

em que descreve as despesas por ele realizadas nas obras da casinha da Ponte do Acu e confirma o pagamento recebido do procurador do Senado, o capitão João Gomes Guimarães, como se vê na Figura 2.9. O signatário, morador da Rua da Boa Vista em 1794, é descrito como porteiro dos auditórios e da Câmara, no censo de 1798 – era, portanto, empregado da administração pública e participante das obras por ela ordenadas.

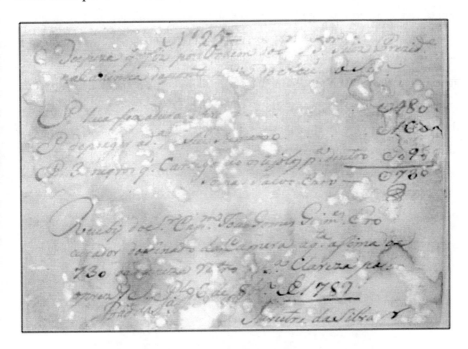

Figura 2.9 – Recibo de Silvestre da Silva, referente a pagamentos por ele efetuados em nome da administração municipal

Os presos, trabalhadores compulsórios, recebiam alimentação para o trabalho, mas não eram remunerados. Leila Mezan Algranti sugere que, na cidade do Rio de Janeiro, no século XIX, o encarceramento dos habitantes considerados "vadios" e sem ocupação aparente servia para suprir a necessidade de braços para os serviços públicos, tais como a limpeza das ruas.[17] Em São Paulo, por outro lado, os presos

---

17 ALGRANTI, Leila Mezan. *O feitor ausente: Estudo sobre a escravidão urbana no Rio de Janeiro*. Petrópolis: Vozes, 1988, p. 76-77.

eram empregados regularmente nas obras públicas. A Figura 2.10 elenca farinha, toucinho, feijão e azeite como ingredientes principais da dieta desses homens, cozinhados com o auxílio de lenha, panelas, sal e sebo. Esse inventário, proveniente de obras do Chafariz realizadas em 1792, é representativo da grande maioria dos mantimentos e acessórios necessários para a nutrição desses trabalhadores.

As listas de homens empregados nas obras são bastante variadas: podem conter nomes, remuneração, quantidade de dias trabalhados e discriminação do tipo de serviço de homens livres e escravos. Em geral, os cativos não eram referidos nominalmente ou o eram de forma imprecisa. Sua participação dava-se por iniciativa própria ou por agenciamento de seu senhor, sendo que, para o último caso, é mais fácil identificar e individualizar o escravo, já que o nome de seu dono serve como um complemento à sua descrição. De toda forma, eram escravos de ganho ou de aluguel, ou seja, aqueles que "dispunham provisoriamente de sua força de trabalho" e "deviam pagar uma diária a seus senhores", ficando apenas com o que sobrasse após esse pagamento.[18]

Figura 2.10 – Lista de mantimentos e acessórios comprados para a alimentação dos presos que trabalhavam compulsoriamente nas obras do Chafariz

---

18 ALGRANTO, *op. cit.*, p. 20.

Cada "rol de trabalhadores" – título frequente dessas listas – corresponde, ordinariamente, ao registro de uma semana de trabalho. Ao final de uma semana, em geral, era contado o total de dias, períodos ou horas de cada trabalhador ou o serviço específico que esse tivesse realizado. Nesses documentos, encontramos a maior parte dos trabalhadores de obras que pudemos identificar em nossas pesquisas, desde os homens e mulheres cujos escravos conduziam pedras, paus e outros materiais até os habitantes que trabalhavam nas obras para cumprir obrigação que lhes era imposta, passando pelos oficiais mecânicos que sobreviviam exclusivamente de seus serviços. Assim como no caso dos recibos, a análise das listas apresenta-nos pontos comuns a todas as obras com relação à organização do trabalho e aos próprios trabalhadores, que serão retomados no Capítulo 3.

A duração das obras era variável, dependendo do tipo de construção ou da dificuldade da empreitada. As obras na Ponte do Anhangabaú duraram dois anos praticamente ininterruptos, e foram registradas na frequência padrão. Ou seja, há cerca de um rol de trabalhadores para cada semana de atividade, o que resulta na maior planilha de trabalho registrada em nossas pesquisas. No caso da Ponte de Pinheiros, temos apenas duas listas de obras realizadas em outubro de 1805. Em outras obras, como veremos adiante, houve mais de um período de trabalho, com intervalos. Na Figura 2.11, reproduzimos uma lista com os escravos que tiravam pedras e os carreiros que as conduziam à Ponte do Anhangabaú, enquanto, na Figura 2.12, temos um dos dois registros de obras em Pinheiros.

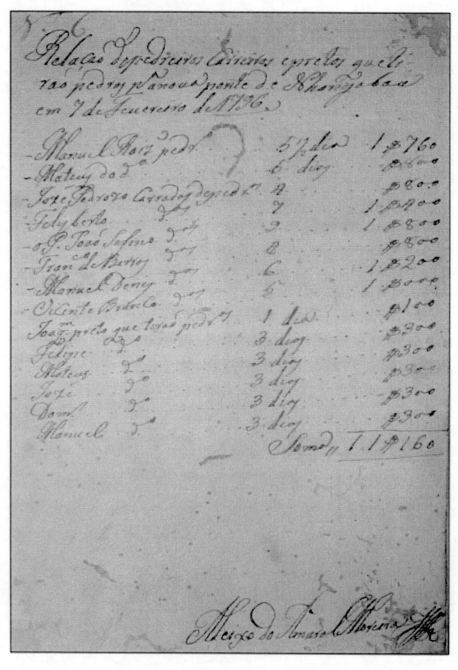

Figura 2.11 – Lista de negros e carreiros participantes dos serviços de extração e condução de pedras

Figura 2.12 – Rol de trabalhadores da obra da Ponte de Pinheiros

O mestre pedreiro Joaquim Pinto de Oliveira Thebas é um dos trabalhadores listados em 14 de abril de 1792 nos trabalhos do Chafariz da Misericórdia, como se vê na Figura 2.13. Além dessa lista, ele assina alguns recibos, nos quais confirma sua remuneração e os jornais de seus escravos, que o acompanhavam nas obras.

A comparação entre as listas de trabalhadores das nove obras estudadas não deixa dúvidas sobre a repetição dos procedimentos e a existência de padrões para a organização, a execução e o registro das obras. Outras conclusões podem ser extraídas da leitura comparativa. Por exemplo, com relação à participação feminina nas obras que, apesar de existente, é ínfima e restringe-se às mulheres autônomas, chefes de seus domicílios e impossibilitadas de conseguir suas rendas de outra forma.

Na extração de pedras para as obras de calçamento da Rua de São Bento, do Chafariz e da Ponte do Anhangabaú, entre os anos de 1796 e 1799, Maria de Lara empregou alguns de seus escravos, como vemos nos exemplos das figuras 2.14 a 2.16. Moradora da Rua do Rosário, ela e sua mãe eram viúvas e, em 1794, tinham seis escravos.[19] No censo de 1798, já listada como chefe do fogo, ela registra a venda de açúcar comprado em Campinas e Itu como sua forma de obtenção de renda, tendo agora um cativo a menos.[20] Entendemos que os escravos de ganho de Maria de Lara eram parte significativa de sua receita, além de provavelmente executarem as atividades relativas à venda de açúcar – ao todo, ela recebeu 6$090 pelo trabalho de seus cativos em obras nesses quatro anos.

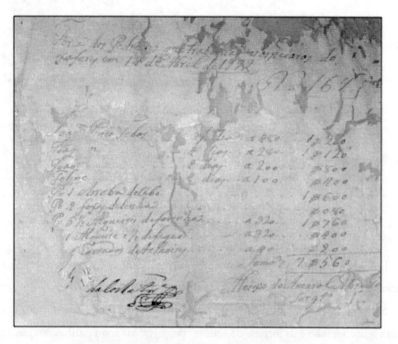

Figura 2.13 – Rol de pedreiros empregados nas obras do Chafariz e munição para os trabalhadores compulsórios: na primeira linha, identificamos o mestre pedreiro Thebas

---

19 MP-1794.
20 MP-1798.

A participação direta, contudo, não era comum, como podemos concluir pelos registros das obras do aterrado da Ponte de Santana. Nas obras de caminhos, pontes e aterrados, a população local era obrigada a contribuir para o trabalho – ou "concorrer para as obras", nos dizeres correntes. Nos registros dos moradores que faltaram com suas obrigações, em Santana, o supervisor da obra anotou, entre as justificativas, a inexistência de homens no fogo, deixando explícita a inadequação das mulheres ao trabalho nas obras. No entanto, em outra empreitada dessa mesma obra, realizada por meio de trabalho remunerado, encontramos o registro único, entre os documentos pesquisados, da participação de escravas. Por se tratar de obra em área distante da cidade, podemos supor que o emprego das cativas era utilizado por falta de alternativas.

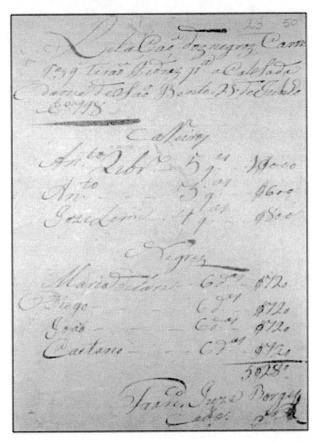

Figura 2.14 – Emprego dos negros de Maria de Lara para as obras na Rua de São Bento

Figura 2.15 – Escravos da mesma Maria de Lara, trabalhando nas obras da Ponte do Anhangabaú

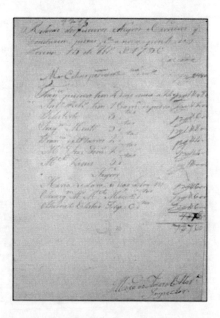

Figura 2.16 – Outra lista de trabalhadores da Ponte do Anhangabaú, em que novamente foram registrados os serviços dos cativos de Maria de Lara

A LOCALIZAÇÃO DAS OBRAS NA CIDADE

No conjunto documental, há cinco tipos de obras: edificações, ruas, praças, infraestrutura e pontes (e seus respectivos aterrados). As obras das quais trataremos a seguir são: Cadeia, Câmara, Rua de São Bento, Praça do Curro, Chafariz da Misericórdia, Ponte do Anhangabaú, Ponte do Acu, Ponte e aterrado de Santana e Ponte de Pinheiros, para as quais foi realizado o detalhamento da documentação e dos tipos de atividades e ofícios realizados em cada uma.[21] Algumas dessas obras têm um caráter completar, seja pela proximidade, seja por terem sido feitas em investidas conjuntas. É o caso das seguintes duplas: Cadeia e Câmara; Rua de São Bento e Ponte do Anhangabaú; e Chafariz e Ponte do Acu.[22]

Ao observarmos a localização dessas obras no mapa da cidade, como visto Figura 2.17, podemos notar a relação entre essas ocorrências e os processos de crescimento da cidade, que, por sua vez, eram indissociáveis das atividades econômicas e de proteção distribuídas na rede de comunicações em que São Paulo se inseria. Embora houvesse intervenções em praticamente todas as áreas da cidade,

---

21 Além de obras de particulares, o período contou ainda com construções de edificações religiosas, do Hospital Militar, do Quartel da Legião dos Voluntários Reais e outras obras públicas, para as quais a documentação era insuficiente para a análise proposta. São essas as obras nas Casinhas, na capelinha e nos caminhos de Cotia, Nossa Senhora do Ó, São Caetano, Conceição de Guarulhos e Santos. As obras de caminhos implicam ainda outro tipo de exame, que contemple a relação entre a cidade e as vilas e freguesias vizinhas, mediada e pontuada pelos capitães-generais em atividade em cada período. Sobre os reparos nas casinhas, ver: TAUNAY, Affonso de E. *História da cidade de São Paulo no século XVIII*. São Paulo: Divisão do Arquivo Histórico, 1951, v. 2, pt. 1, p. 135. Sobre os projetos e as obras referentes ao Quartel e ao Hospital, há maiores informações no livro de Benedito Lima de Toledo. Cf. TOLEDO, 2004, p. 15-16.

22 É importante notar que, embora esse fosse um período de significativa mobilização em torno das obras públicas, boa parte dessas eram obras de manutenção e reparo das edificações e estruturas construídas nas décadas anteriores. Essa ressalva destina-se a evitar que se crie uma imagem de que esse teria sido o instante em que a cidade – tal como a conhecemos no início do século XIX – foi erguida,

é patente a existência de certa concentração. À exceção da Casa de Câmara e Cadeia e da Ponte de Santana, as obras aqui examinadas encontram-se na porção oeste da área do Triângulo e expandem-se, atravessando esses limites, em direção aos subúrbios.

Das nove obras, quatro são pontes, sendo duas delas localizadas em bairros distantes do núcleo ocupado da cidade e homônimas desses: Santana e Pinheiros, que podem ser consideradas paragens nas comunicações de acesso a São Paulo. As pontes do Acu e do Anhangabaú eram duas formas de transposição do rio de mesmo nome que, em última análise, serviam às outras duas pontes. A primeira desembocava na freguesia de Santa Efigênia, onde se localizavam – segundo a "Planta da Cidade de S. Paulo", de 1810 – a igreja de mesmo nome, o Hospital Militar, o Tanque do Acu e os caminhos que levavam ao Jardim Público,[23] ao Hospital do Lázaro e ao Convento da Luz, cuja estrada terminava na Ponte de Santana. De forma semelhante, a Ponte do Anhangabaú acessava, entre outras coisas, a Igreja da Consolação, no caminho que levava à Ponte de Pinheiros. Como apontado o Capítulo 1, essas duas saídas da cidade eram de vital importância, respectivamente, para o abastecimento dos habitantes da cidade e para os circuitos do açúcar e do gado.

---

23 O terreno para construção do Jardim Público foi demarcado em 1799, mas suas obras foram concluídas apenas em 1825. BRUNO, Ernani Silva. *História e tradições da cidade de São Paulo: Volume I – Arraial de sertanistas (1554-1828)*. São Paulo: Editora Hucitec, 1991a, p. 173.

Em Obras 109

Figura 2.17 – Mapa de localização das obras estudadas, sobre a "Planta da Cidade de S. Paulo", de 1810

Obras públicas

1 Cadeia
2 Câmara
3 Rua de São Bento
4 Praça do Curro
5 Chafariz da Misericórdia
6 Ponte do Anhangabaú
7 Ponte do Acu
8 Ponte e aterrado de Santana
9 Ponte de Pinheiros

A ocupação do entorno desses caminhos era rarefeita em relação à ocupação na área mais central da cidade, entre os rios Tamanduateí e Anhangabaú. Não obstante, a área entre as duas pontes sobre esse rio era tomada por grandes chácaras que, já na primeira década do século XIX, sofreram desmembramentos e tiveram suas extensões cortadas por novas ruas.[24] Nessa região, possuíam terras alguns dos habitantes de maior prestígio e riqueza da cidade, tais como os coronéis Francisco Xavier dos Santos, Luiz Antonio de Souza e Joze Arouche de Toledo Rendon. Essas chácaras estão marcadas no recorte do mapa da cidade de 1810, apresentado na Figura 2.18.

Entre 1807 e 1808, a Câmara de São Paulo recebeu 19 pedidos de cessão de terras a particulares,[25] na região posteriormente referida na mesma documentação como Cidade Nova – justamente a área conformada pelas estradas das saídas supracitadas, que se constituiu na primeira área ocupada para além do Rio Anhangabaú.[26] O mapa usado para indicaçãodas chácaras na Figura 2.18 foi desenhado

---

24 Essa e outras áreas mais afastadas do núcleo central de ocupação sofreriam desmembramentos e seriam, pouco a pouco, agregadas ao tecido urbano ao longo do século XIX e início do século XX.

25 PREFEITURA DO MUNICÍPIO DE SÃO PAULO. *Cartas de datas de terras*. São Paulo: Est. Graph. Cruzeiro do Sul, 1937, v. VI, passim.

26 Nos *Livros de registros*, podemos observar irrupções de pedidos de terras em determinadas

poucos anos depois das concessões de terra supracitadas, de modo que a área já havia sido arruada – vemos suas vias marcadas no terreno entre tais chácaras. Pelo acompanhamento das *Cartas de datas de terras*, é possível saber que alguns dos terrenos permaneceram vazios além do tempo permitido após serem doados aos requerentes, sendo que alguns chegaram a ser solicitados por outros habitantes, em anos posteriores, sob a justificativa de serem terras devolutas.[27] No Anexo 1, apresentamos a tabela que contém os principais dados desses pedidos.

---

regiões da cidade. Entre 1819 e 1820, por exemplo, uma série de solicitantes reclamam terrenos – entre sesmarias e datas – na então freguesia de Santo Amaro. Pouco mais de uma década depois, em 1832, a freguesia, antes formada apenas por algumas chácaras, foi elevada à categoria de vila e separada de São Paulo. A imigração alemã impulsionou o crescimento populacional e a ocupação desta região.

27 Em 1813, José Mariano de Oliveira recorre à Câmara para solicitar terras "no suburbio desta Cide. por detras da Igreja de Santa Eufigenia [sic]", que, de acordo com o requerente, seriam devolutas. Após a realização de uma vistoria nos terrenos indicados, que confirmou as queixas do solicitante, as terras são registradas em seu nome. Na respectiva carta da data de terras, consta "tersse passado quatro annos e nellas não ter bemfeitorias algúas", de modo que os antigos proprietários dos terrenos, os cônegos Felisberto Gomes Jardim e Joaquim Jozé Marianno, perderam seus títulos de propriedade, datados de 1808. PREFEITURA DO MUNICÍPIO DE SÃO PAULO. *Cartas de datas de terras*. São Paulo: Est. Graph. Cruzeiro do Sul, 1937, v. VI, p. 165 et seq.

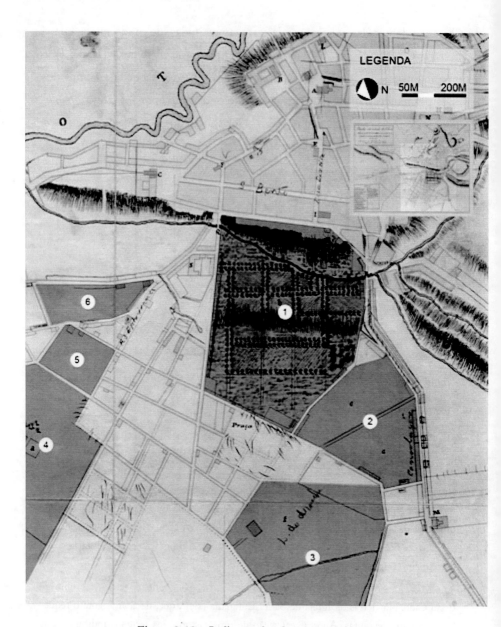

Figura 2.18 – Indicação das chácaras encontradas dentro ou próximas aos limites da Cidade Nova e seus respectivos proprietários, sobre a "Planta da Cidade de S. Paulo", de 1810

Proprietários das chácaras

1 coronel Francisco Xavier dos Santos (Chácara do Chá)
2 coronel Luiz Antonio de Souza
3 coronel Joze Arouche de Toledo Rendon (Chácara do Arouche)
4 coronel Gavião
5 D. Maria Fortes
6 secretário Velho

Na Cidade Nova, oito dos 19 pedidos eram de membros do exército e do clero locais, além de funcionários da administração pública – grupos pertencentes à elite local. Apenas um dos requerentes era uma mulher. Os terrenos concedidos tinham testadas que variavam entre 6 e 47,5 braças, o equivalente a 13,2 e 104,5 metros.[28] Imprescindível notar que, dos nove maiores terrenos com frentes iguais ou superiores a 18,5 braças (40,7 metros), sete são destinados a moradores com títulos de padre, cônego, capitão, sargento ou alferes. A maior data, entretanto, é concedida a Dionizio Ereopagita da Mota, que morava, desde a infância, com seu pai, o boticário Vicente Pires da Mota, detentor de uma chácara no subúrbio da cidade, onde plantava gêneros alimentícios para consumo em sua casa. Em 1798, Dionizio ainda residia com sua família, que se mudou da região do Convento do Carmo para o entorno da Igreja da Misericórdia, ao menos entre 1776 e 1794. As terras que lhe foram concedidas na Cidade Nova, por sua extensão, deviam destinar-se a mais uma fonte de subsistência para seu domicílio. Vale notar que seu plantel cresceu de 15 para 25 escravos, entre 1794 e 1798, e seu irmão – que havia sido ajudante no exército e agora era cirurgião-mor – voltou a morar com a família.[29] Assim sendo, podemos concluir que, apesar de não possuir título algum, o requerente era membro de uma família de posses e com certo prestígio na cidade.

A solicitação de João Alvares, por sua vez, tem um diferencial relevante: sua morada original havia sido demolida para a abertura das ruas novas. A Câmara

---

28 A testada é a medida da frente do lote, que faceia a via pública. A braça, medida costumeira do período colonial, equivale a 2,2 metros.
29 MP-1776/1794/1798.

é favorável a seu pedido e concede-lhe um pequeno terreno – o menor dentre os listados, com 6 braças ou 13,2 metros de frente – em área próxima à que ele antes ocupava.

Essas especificações não são meramente ilustrativas. É importante notar que há certas distinções entre os requerentes que solicitaram terras nas diversas áreas da cidade. Praticamente no mesmo período em que vemos a conformação da Cidade Nova, outro conjunto de solicitações de terra é registrado pela Câmara, dessa vez nas ruas da porção sul da cidade, onde tem início a Estrada de Santos. Como vemos no Anexo 2, são menos pedidos num período de tempo maior – ou seja, não são identificados como um surto, da mesma forma que no oeste. De todo modo, os oito pedidos de terra permitem-nos afirmar que se trata de uma tendência. São sete requerentes (um deles fez duas solicitações), dos quais apenas dois possuíam título militar. Não havia nenhum oficial camarário, vereador ou membro do clero, o que indica tratar-se de uma população menos privilegiada. As terras concedidas eram de dimensões consideravelmente maiores que aquelas da Cidade Nova; metade dos pedidos no sul tinham perto ou mais de 104,5 metros (medida da maior porção de terra concedida a oeste).

Tendo em mente essas duas informações, podemos afirmar que era uma região da cidade em que havia menos disputas por terras. Eram, portanto, terras menos desejadas pela elite e menos valorizadas.[30] Enquanto na Cidade Nova, a única solicitante do sexo feminino foi referida na documentação como "Dona", no Caminho para Santos temos o pedido de uma Feliciana de Medeiros, "preta forra", casada com Sebastião, cativo do alfaiate Joze Roiz Cardim. É dela o menor terreno concedido, com apenas 10 braças ou 22 metros de frente. Em 1794, Cardim morava numa travessa da Rua da Quitanda, área central da cidade, com a mulher, a cunhada, seis filhos e quatro escravos, incluindo Feliciana e Sebastião. No censo de 1798, Sebastião foi registrado como casado, e Feliciana não constava

---

30 É importante ressaltar que não se trata de uma valorização monetária, já que as terras eram cedidas pela Câmara e não compradas pelo solicitante. A valorização, nesse caso, diz respeito às áreas com melhores condições de infraestrutura, de melhor localização em relação às saídas da cidade ou mais próximas às ruas em que se desenvolviam atividades econômicas.

como moradora do fogo – talvez já tivesse recebido alforria.[31] Podemos supor que não fosse possível, para a liberta, encontrar morada perto da casa do senhor de seu marido, de forma que lhe restava apenas a opção de buscar áreas mais afastadas, com mais terrenos disponíveis.

Mesmo assim, Feliciana precisou de persistência para assegurar a concessão de suas terras. Apesar de ter sua solicitação atendida em setembro de 1810, a liberta entrou com novo pedido em dezembro do ano seguinte, por ter sido impedida de continuar as obras de sua casa. Segundo consta na nova solicitação, Joaquim Joze de Oliveira – também possuidor de terras na região – forçou-a a suspender sua empreitada, alegando que os limites do terreno de Feliciana sobrepunham-se às terras de um Guilherme Henrique May.[32] Para solucionar a contenda, a Câmara concede outras terras a ela na mesma área, mas com apenas 6 braças ou 13,2 metros de frente.

É notável que nenhuma das obras que analisamos encontrava-se nessa região, ou seja, essa não era uma área de interesse para os objetivos econômicos e urbanizadores da elite, nesse momento. As diferenças entre os solicitantes das porções oeste e sul da cidade são apenas mais um dos indicativos da conformação de um espaço caracteristicamente urbano, com suas variações e disputas. A seguir, no exame da própria atividade construtiva, veremos outros elementos que apoiam essa tese.

Detalhamento das atividades construtivas

Nesse item, trataremos de cada obra e suas questões específicas, especialmente no que concerne à participação de camarários, supervisores, oficiais mecânicos, outros trabalhadores e demais envolvidos e ao próprio trabalho nos canteiros. A análise do conjunto de obras e seus desenvolvimentos permite entrever as três formas de organização de obras públicas praticadas na colônia, que variam desde a obrigatoriedade da população residente em áreas beneficiadas por obras (*trabalho compul-*

---

31 MP-1794/1798.

32 Acreditamos que houve um erro de transcrição do documento, e o nome correto desse habitante seria Guilherme Henrique Maya.

sório dos homens livres) até a empreitada sob responsabilidade de um morador em particular (*arrematação*), passando pelas obras organizadas por representantes do poder municipal e executadas por trabalhadores autônomos e remunerados (*obra a jornal*). Mais uma vez, a atuação dos militares como membros da administração pública ou organizadores das atividades de obras mostra claramente sua predominância em posições políticas de comando na São Paulo colonial.

A primeira obra de que trataremos localizava-se em área afastada da cidade e relacionava-se às comunicações, tão caras ao modo de vida e ao desenvolvimento da cidade de São Paulo. Trata-se da Ponte de Santana, número 8 na Figura 2.17, também conhecida como Ponte Grande de Santana ou apenas Ponte Grande, cuja sequência de atividades construtivas elucida as diferentes formas de organização do trabalho em prática no final do século XVIII, como veremos a seguir.

A freguesia de Santana foi oficializada com o intuito claro de consolidar a ocupação de uma área de entroncamento de caminhos, na saída de São Paulo, correspondente à rota "Ao norte, para Minas Gerais, através de Atibaia e Bragança".[33] Em 1775, o capitão José Correa Leme Marzagam e sua comitiva adentravam o sertão, "fazendo caminho, e botando roças", rumo à "Parahyba nova", distrito da vila de Guaratinguetá, onde Lobo de Saldanha havia ordenado a ereção de uma nova freguesia. Segundo o relato de Henrique José de Carvalho, de Campo Alegre da Parahyba, o trabalho de Marzagam era bastante satisfatório. Em suas palavras, "se houvessem dous Marzagoens, estava o caminho feito".[34]

Poucos meses depois, Lobo de Saldanha pede a "Diogo Antonio da nova Freguezia da Senhora Santa Anna para vir, ou mandar buscar a sua Pattente de Capitão",[35] de forma que ele passa a ser seu subordinado direto e o responsável por realizar o aumento da população e, consequentemente, a execução do caminho. Como forma de incentivo, o capitão-general indica aos capitães de Guara-

---

[33] MORSE, Richard M., *Formação histórica de São Paulo: De comunidade a metrópole*. São Paulo: Difusão Europeia do Livro, 1970, p. 42.

[34] ARQUIVO PÚBLICO DO ESTADO DE SÃO PAULO. *Documentos interessantes para a história e costumes de São Paulo*. São Paulo: Casa Eclética, 1954, v. 74, p. 186.

[35] *Ibidem*, p. 224.

tinguetá e Piedade que permitam aos moradores dessas vilas que se estabeleçam em Santana e que evitem prisões e ações contra os poucos moradores da nova freguesia, visto que eram muito necessários ao cumprimento de seus interesses.[36] Em 1777, Lobo de Saldanha ordena à Câmara de São Paulo que conserte o caminho de Juqueri para a cidade, por onde passariam as tropas vindas de Minas e outras localidades, em rota alternativa à de Guaratinguetá,[37] que saía

> A nordeste, para o Rio de Janeiro, ao longo do rio Paraíba. [...] Havia nêle algumas saídas laterais – ao sul, para a costa, pela Serra do Mar, e ao norte, para Minas Gerais, pela Serra da Mantiqueira.[38]

Nesse momento, têm início as obras da ponte e de seu aterrado, cuja forma de organização variou ao longo do tempo, ora em função da determinação do capitão-general, ora em função das contingências que se delinearam. Essas variações expõem as diferentes formas de organização das obras públicas, que são encontradas também nas demais empreitadas estudadas.

A partir da leitura das atas e dos documentos de receitas e despesas referentes aos trabalhos das nove obras estudadas, podemos afirmar que existiam três formas principais de realização dos trabalhos no período colonial, todas usadas nas obras em Santana. Na primeira forma, a população era encarregada da conservação dos melhoramentos que fizessem frente com suas casas e, com frequência, era convocada para obras de maior porte ou serviços específicos na vila ou bairro em que morassem, aos quais deviam dedicar certo número de dias ou enviar outrem em seu lugar, como forma de compensação. Era o *trabalho compulsório dos homens livres*, ou seja, o trabalho realizado em função da obrigação dos moradores com os espaços da cidade, representada pela administração pública.

No *Ensaio d'um quadro estatístico da província de São Paulo: Ordenado pelas leis municipais de 11 de abril de 1836 e 10 de março de 1837*, uma das questões

---

36 ARQUIVO PÚBLICO DO ESTADO DE SÃO PAULO. *Documentos Interessantes para a História e Costumes de São Paulo*. São Paulo: Tip. do Globo, 1946, v. 70, p. 179-180.

37 FCMSP-37.

38 MORSE, *op. cit.*, p. 42.

de destaque são as possibilidades de comércio, para as quais o engenheiro Daniel Pedro Müller considera essencial a boa conservação das estradas que cortavam a capitania. O engenheiro – que atuou também no período estudado – discorre sobre o dever da população com relação a essas obras, como vemos no trecho a seguir.

> Todos os habitantes livres, sem exceção, deverão concorrer para a conservação das estradas por onde habitualmente transitam, ou confinam, ou darem pessoas em seu logar, ou prestaçoens para se alugarem jornaleiros correspondentes aos braços que para similhante fim possam dedicar no tempo designado para o trabalho pelos competentes Inspectores, devendo ser na estação em que menos prejudique a agricultura, e em consequencia do detalhe razoavel feito nos conselhos das competentes povoaçoens.[39]

Nem sempre essas obrigações eram cumpridas, e a população buscava meios de isentar-se delas. Em 1785, o sargento Custódio Correa Silva, de Juqueri, enviou à Câmara de São Paulo a relação dos envolvidos nas obras do aterrado de Santana, diferenciando os que compareceram dos que não o fizeram.[40] Dentre os que não foram, há ressalvas como "muito velho", "doente", "aleijado", "mulher só" ou "ocupado" com outro serviço que lhe era obrigatório.[41] No mesmo documento, as listas de comparecimento indicam apenas o número de dias em que o morador esteve na obra. Em agosto de 1789, os camarários passariam um mandado ao mesmo sargento, agora alferes da ordenança, para novamente "mandar convocar os povos da dita freguezia" para dessa vez "fazerem o caminho, pontes, e aterrados até á paragem chamada o Tremembé".[42]

---

39 MÜLLER, Daniel Pedro. *Ensaio d'um quadro estatístico da província de São Paulo: Ordenado pelas leis municipais de 11 de abril de 1836 e 10 de março de 1837*. São Paulo: Governo do Estado, 1978, p. 106.

40 FCMSP-28.

41 A ortografia das justificativas enumeradas foi atualizada para facilitar a leitura. FCMSP-37.

42 PREFEITURA DO MUNICÍPIO DE SÃO PAULO. *Actas da Câmara Municipal de São Paulo*. São Paulo: Tipografia Piratininga, 1921, v. XIX, p. 95.

O trabalho compulsório coexistia com as formas remuneradas, sendo uma delas a *arrematação* (segunda forma de organização), em que a obra era "posta em praça" – nos dizeres correntes no período – e tomada pelo contratante que a oferecesse pelo menor valor, passando a ser esse o responsável por sua feitura. O financiamento de obras executadas dessa forma podia vir de cobranças à população específicas para esse fim, de contribuições, de impostos ou de pedágios em estradas. Em setembro de 1787, Antonio da Silva Ortiz, de Santana, remete ao escrivão da Câmara de São Paulo, João da Silva Machado, o pedido de conserto da ponte de Santana, cujo mal estado impedia até mesmo que os doentes da freguesia recebessem extrema unção, visto que não havia forma de trazer o padre.[43]

No ano seguinte, os procedimentos para dar início aos trabalhos já estavam em curso. Em janeiro, a arrematação da obra "em antigo estilo"[44] foi comunicada aos capitães José Antonio da Silva e José de Siqueira Camargo, de Santana e Juqueri, que deveriam arrecadar de suas populações respectivas 5$600 cada um, conforme as rendas dos moradores, para remunerar o arrematador.[45] Silva enviou sua parte ao tesoureiro em julho do mesmo ano, junto com o aviso de que faltavam duas cobranças, a serem entregues pelos próprios devedores.[46]

As obras em caminhos, aterrados e pontes eram frequentes, como se vê também no caso da Ponte de Santana, cuja execução é posta em praça novamente em 28 de março de 1789 e arrematada em 22 de abril.[47] O aterrado, por sua vez, é colocado para arremate em 1º de agosto do mesmo ano. Contudo, "por não haver quem nelle lançasse, por não admittir demora a factura do mesmo aterrado, se mandou fazer a jornal",[48] ou seja, por meio da contratação de trabalhadores, remunerados por dia de trabalho e a serem supervisionados pelo administrador da obra (terceira forma de organização). Os pagamentos eram feitos pelo tesoureiro

---

43 FCMSP-28.
44 Ou seja, a arrematação de acordo com as normas tradicionais desse tipo de processo.
45 FCMSP-42.
46 FCMSP-28.
47 PREFEITURA DO MUNICÍPIO DE SÃO PAULO, *op. cit.*, p. 71, 75.
48 *Ibidem*, p. 100.

ou por um procurador da Câmara, que entregava os valores ao supervisor da obra, que então os remetia aos prestadores de serviço, conforme seus registros. A forma de arrecadação do dinheiro necessário era igual àquela usada no caso das obras arrematadas por terceiros. Esse expediente, da *obra a jornal*, foi frequentemente utilizado por ser forma mais prática de controle dos gastos e do andamento dos serviços, e foi usado nas demais obras de que trataremos.

A figura supracitada do supervisor – também chamado de inspetor ou administrador – corresponde ao responsável por organizar, acompanhar, registrar e comunicar as atividades de obras a mando da Câmara. Esse habitante era, via de regra, um cabo do exército, mas podia também ser um militar de patente mais elevada, principalmente em áreas mais afastadas da cidade, onde era mais difícil encontrar habitantes qualificados para essa tarefa, já que deviam ser alfabetizados e de confiança. Ele assinava os recibos dos trabalhadores e reportava-se ao tesoureiro ou procurador da Câmara. Cabia ao escrivão atentar a veracidade dos documentos por ele redigidos. Em termos de relações profissionais, o supervisor era peça-chave na articulação de trabalhadores e camarários.

Entre setembro e outubro de 1789, o capitão José Antonio da Silva supervisionou os trabalhos no aterrado, detalhados em seis listas de trabalhadores e um orçamento de materiais.[49] Ao todo, foram gastos 169$980, dos quais apenas 16$870 não são de pagamento de férias aos trabalhadores. Entre eles, listamos 94 livres, número que não pode ser tomado como infalível, por conta das imprecisões da documentação e da própria localização desses habitantes na lista nominativa do bairro de Santana de 1786, tomada como referência para essa obra. Apesar disso, esse dado nos dá a dimensão da escala da obra e faremos uso dele para os fins dessa análise. O administrador compareceu a todas as semanas de trabalho, enquanto pouco mais da metade dos trabalhadores participou apenas de uma delas, destacadamente a segunda semana, com 21 trabalhadores ocasionais.

Entre os escravos, a identificação é especialmente comprometida pelas lacunas na denominação. Alguns deles são registrados pelo nome próprio, tal como

---

49 FCMSP-41/42.

"escravo Manoel".[50] No entanto, os nomes são comuns e repetem-se frequentemente, dificultando a individualização desses trabalhadores. Entre os cativos pertencentes a um plantel específico, um grande número era da Fazenda de Santana, sendo indicados ora pelo nome – por exemplo, "Jozefa da Fazenda de S. Anna" –, ora genericamente – como "escravos da Fazenda de S. Anna".[51] Supomos que, ao menos em parte, os negros citados não nominalmente sejam os mesmos identificados, visto que deviam ser aqueles aptos ou treinados para o trabalho nessas obras. Entretanto, não há como confirmar essa hipótese. O que se pode afirmar é que os senhores cujos escravos eram empregados nas obras foram responsáveis pelos maiores índices de recorrência da participação. Destacamos, além da Fazenda de Santana e do capitão Joze Antonio da Silva, os nomes de Gaspar Muniz, Joze Francisco, Antonio Joze Dias e uma Dona Anna, que enviaram escravos à obra ao menos duas vezes.

Anos depois, em 1794, foi necessário outro reparo, dessa vez, à própria ponte. Nove serventes trabalharam dois dias cada para retirar madeiras para o conserto, feito pelo mestre carpinteiro Flavio de Barros, para o qual fez uso ainda de outros materiais. Os trabalhos foram supervisionados, mais uma vez, pelo capitão Joze Antonio da Silva.

A execução de obras a jornal, portanto, podia compreender, como essa, desde pequenas empreitadas de dois dias até aquelas que se estendiam por dois anos, como a construção da Ponte do Anhangabaú, indicada no número 6 da Figura 2.17. O aumento da ocupação na direção oeste e a importância das rotas que acessavam a cidade por essa área ficam patentes no momento em que a Câmara decide construir outra via, nomeada a partir do rio que obstruía a passagem para essa área da cidade. O uso intenso da Ponte do Acu – travessia mais antiga do mesmo rio – castigava essa estrutura, tornando necessário criar um caminho alternativo. Como era comum, as rendas do conselho estavam bastante prejudicadas, de modo que não havia recursos para uma obra desse porte. Segundo Taunay, quem custeou a construção, em "um gesto de suma elegância, revelador de alto espírito público", foi o então

---

50 FCMSP-41.
51 *Idem.*

capitão Luiz Antonio de Souza, futuro brigadeiro, homem de posses já vultosas e que se tornaria ainda mais rico e importante na cidade e na capitania.[52]

Pela documentação, sabemos que foram feitas algumas contribuições para a obra, algo que não era prática em todas as construções. O financiamento das obras poderia vir da própria Coroa, de cobranças específicas como "pedágios" nas estradas ou da população, como vemos nesse caso. As contribuições assinalam, a um só tempo, o reconhecimento da importância da obra por parte da população e a tomada de responsabilidade específica desse grupo com relação às obras, uma vez que eram possuidores das maiores fortunas da cidade. Assim como o trabalho compulsório dos homens livres, esse expediente indica que o cumprimento da obra não é entendido como tarefa exclusiva do poder público e dos trabalhadores remunerados.

A lista de contribuintes das obras na Ponte do Anhangabaú contém 48 habitantes, entre membros da Igreja, militares, o cirurgião-mor e outros. Desses, treze comprometem-se com o orçamento da obra, dos quais apenas três efetuam suas doações, todos em valor menor do que o estipulado. Outros onze contribuem, totalizando 41$920. É evidente que os recursos do capitão Luiz Antonio de Souza foram indispensáveis, visto que somados apenas os recibos referentes à obra temos mais que o dobro desse valor. Se contarmos ainda as férias pagas aos trabalhadores, não há dúvida de que o montante investido pelo capitão pode ser considerado virtualmente o valor total do orçamento. No entanto, isso não diminui a relevância das contribuições, que mostram o envolvimento entre a atuação do poder público e as ações de particulares.

A longa empreitada a jornal, supervisionada pelo sargento Aleixo do Amaral Moreira,[53] teve início em meados de 1794, e o último registro de trabalho data de dezembro de 1796. Os trabalhos na Ponte do Anhangabaú foram bastante homogêneos apesar do tempo estendido, e os trabalhadores repetiram-se

---

52 Retomamos aqui a análise da Figura 2.18, que indica a localização da chácara do futuro brigadeiro, e da Figura 2.7, que aponta o pertencimento desse habitante à elite da cidade.

53 O sargento atuou também como inspetor das obras da Praça do Curro e do Chafariz, que veremos a seguir.

em várias semanas. Por não se tratar de reparo, a quantidade de material usado foi significativamente maior do que veremos nas demais obras, e houve uma variação também maior de materiais usados, já que a ponte foi feita em alvenaria. Foram necessários quase 70 carreiros para conduzir saibro, areia, paus, estacas, tijolos, pedras e cal, esta vinda provavelmente de Cubatão, trazida por carreiros de fora da cidade – sabemos ainda da participação de, ao menos, um condutor da vila de Itu. Os demais materiais vinham de partes diferentes da cidade e, às vezes, de seus subúrbios, como era o caso das madeiras. As pedras usadas nas fundações da estrutura foram extraídas de pelo menos três lugares diferentes. A documentação refere-se a carradas originadas do Pacaembu, do Bexiga e dos chãos de uma Anna Ferreira,[54] cujos valores são respectivamente $200, $100 e $120 por condução. Supomos que tal variação seja em função da distância e das condições de acesso a cada área.

Há um total de 100 listas de trabalho com duas repetições de data, ou seja, duas semanas de trabalho foram registradas por dois documentos distintos cada. Em outras palavras, são 98 semanas de obras. Nessas, há apenas seis registros de serviços cumpridos compulsoriamente por presos. Os demais trabalhadores eram carreiros, negros, pedreiros, carpinteiros e ferreiros que recebiam por jornada. Contamos aproximadamente 50, 50, 13, dez e dois trabalhadores desses serviços, respectivamente. Em todas as categorias a identificação dos envolvidos não é absolutamente precisa, seja por ilegibilidade de alguns documentos, seja pela falta de informação, como nos casos em que o trabalhador é indicado apenas como "ferreiro" ou "carpinteiro".

---

54 Segundo o censo de 1794, essas terras localizar-se-iam no bairro de Pinheiros, onde a dita, de 73 anos, morava com quatro filhas, com idades entre 20 e 54 anos, e doze escravos. MP-1794.

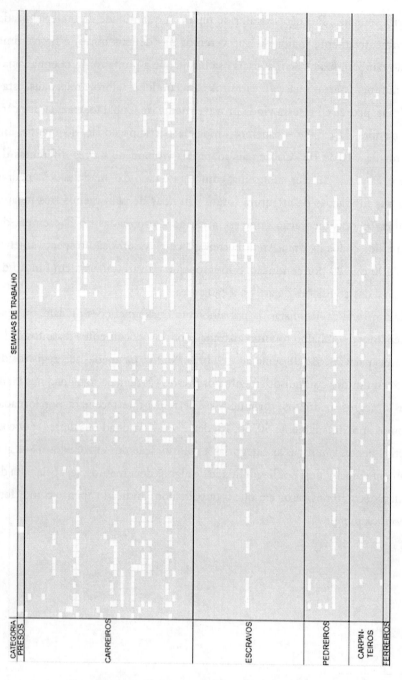

Figura 2.19 – Representação gráfica da tabela de cada categoria de trabalhadores da Ponte do Anhangabaú, por participação em semanas de obra

Para a análise das ocorrências nessa obra, recorreremos à tabela de participação gerada pela tabulação dos nomes e dados de trabalho dos participantes das obras – nesse caso, ela é representada de forma gráfica, sem os dados de cada célula, como visto na Figura 2.19. As categorias (nas linhas) têm dimensões proporcionais ao número de trabalhadores pertencentes a cada uma, exceto no caso dos presos, para os quais a documentação não permite detalhar essa informação. Cada célula em branco significa o comparecimento do respectivo trabalhador na obra durante algum período da semana registrada.

Sem mesmo esmiuçar os dados quantitativos, é possível apreender o alto grau de repetição entre os carreiros, registrados na parte superior, o que concorda com as informações que dão conta da escassez de carros na cidade, mas também mostra a constância do envolvimento desses trabalhadores. Entre os escravos, na terceira porção da tabela, há períodos de participação claramente contínua, assim como vemos, em menor intensidade, no caso dos pedreiros. Os carpinteiros participam esporadicamente, e os ferreiros, de forma ocasional.

Segundo as listas, entre pedreiros e carpinteiros, não houve participação de nenhum mestre. Entre os recibos, a maioria é referente à produção de materiais – como pregos –, à execução de serviços referentes aos carros e às conduções de cal, para as quais era necessário ainda fornecer sacos de algodão. Em 1794, coube ao próprio capitão Luiz Antonio de Souza providenciar esses itens.[55] No ano seguinte, um Antonio Alvares Ferreira assume essa função, além de fornecer pregos e madeira para os carros em duas ocasiões. Na lista nominativa de 1794, consta que Ferreira, casado e com 27 anos, morava com a mãe viúva na rua que ia de Santa Tereza para a Sé.[56] Não há indicação de sua fonte de renda, o que nos permite supor que ele beneficiava-se de ocupações variadas, entre as quais a de atravessador.[57] Além da extensão física das relações criadas pelas atividades de obras,

---

55 O futuro brigadeiro, como vimos, foi também o responsável pelo financiamento quase total da obra. Apesar desse envolvimento, Luiz Antonio de Souza não empregou seus escravos em nenhuma das obras que analisamos.

56 MP-1794.

57 Nas obras da Ponte dos Pinheiros, ele consta como fornecedor de machados, indicando sua recorrência nesse tipo de participação nas obras.

conforme observado na origem da cal transportada para a cidade de São Paulo, vemos nesse caso um exemplo da abrangência da rede de relações, que chega a ir além dos próprios ofícios e trabalhos de construção.

O referido recibo do fornecimento de sacos para a cal, feito pelo capitão, tem ainda outro aspecto que merece especial atenção. Esse e outro bilhete – de pagamento por condução de cal – são referentes a serviços de 1794, mas foram pagos apenas em 1795 e 1796, respectivamente. Considerando o número de pagamentos efetuados pelo senado ao longo dessa obra e o valor total dessas remunerações, poderíamos esperar um número consideravelmente maior de dívidas não solucionadas, ainda mais se tivermos em mente as declarações de Taunay acerca do estado dos cofres municipais no início das obras. Contudo, dos 23 recibos, só esses dois referem-se a pagamentos atrasados, fato concordante com a revisão do conceito de pobreza aplicado à cidade de São Paulo no período em questão, conforme aprofundado no Capítulo 1. Mesmo que a Câmara não fosse capaz de arcar com o custo integral de uma obra desse porte, não se pode ignorar o fato de que um habitante da cidade pudesse fazê-lo. Em outras palavras, os constantes pedidos de recursos e os relatos acerca da austeridade dos paulistas não devem ofuscar as atividades que, de fato, aconteciam na capitania e na cidade.

Conforme mencionado anteriormente, a Ponte do Anhangabaú era, em última análise, uma forma mais direta de acesso à Ponte dos Pinheiros – indicada na Figura 2.17 pelo número 9 –, mais uma importante estrutura de comunicação da cidade com outras regiões da colônia, que contou com duas obras diferentes no período estudado. Na primeira delas, datada de agosto a dezembro de 1795, participaram presos, índios e livres, sendo os dois últimos pagos a jornal. Segundo recibo de 30 de outubro, os índios recebiam também mantimentos para seu sustento, mesma prática usada no caso do trabalho compulsório. Não há nenhum rol de trabalhadores, de modo que poucos envolvidos são identificáveis. O primeiro deles é o tenente Ignacio Correa de Morais, supervisor da obra e morador do bairro de Pinheiros, que teria então 69 anos.[58] Ele recebia os pagamentos do procurador do conselho, Ma-

---

58 As informações censitárias sobre o tenente foram extraídas do censo do ano anterior, em que consta que sua idade era 68 anos. MP-1794.

noel Correa Bitancur, e repassava-os aos trabalhadores e prestadores de serviço. Em 1794, o domicílio do tenente era composto por ele, sua esposa, um jovem agregado e doze escravos. Não é possível saber se ele passou toda a sua vida no bairro, mas consta que, em 1776, ele também residia em Pinheiros, tinha igual patente, era casado com a mesma mulher, tinha três filhas e foi declarado lavrador. Ignacio e Manoel não constam nos registros de nenhuma outra obra aqui listada, o que aponta para a importância da atuação de moradores das áreas mais distantes nas funções de organização e acompanhamento das atividades construtivas.

Além deles, outros três participantes das obras podem ser individualizados. Um Manoel Muniz proveu ripas e cal para a dita ponte – por não constar nas listas nominativas consultadas, acreditamos que possa ser outro dos fornecedores de fora da cidade, até mesmo por um de seus produtos ser a cal, costumeiramente extraída em outras localidades. Os demais constam também em outras descrições de obras: o ferreiro Jacinto Correa dos Santos, que consertou dois machados e uma foice usados nos trabalhos, e Antonio Alvares Ferreira, que forneceu três machados.

Anos depois, o aterrado da ponte precisou de reparos, nos quais dez homens trabalharam. Foram somente duas semanas de obras, em outubro de 1805. Pela baixa remuneração dos trabalhadores – $100 por dia de trabalho, enquanto pedreiros e carpinteiros chegavam a ganhar entre $240 e $480 – acreditamos que se tratavam apenas de serviços de deslocamento de terras, sem envolver carpintaria ou outro ofício. Oito deles participaram integralmente da obra, enquanto os outros dois estiveram presentes apenas na segunda semana. Sua identificação é de difícil comprovação, uma vez que as obras em subúrbios e bairros distantes podiam contar com trabalhadores de outras ordenanças além daquelas compreendidas pelos censos que tabulamos.

O administrador da obra foi o cabo comandante João Joze Moreira que, dez anos antes, morava na Rua da Sé com seus irmãos mais novos, cujas ocupações eram auxiliar e caixeiro – Moreira não possuía fonte de renda registrada e também não participou de outra obra pública do período. Além deles, o domicílio era composto por oito escravos e uma forra.[59] Em 1798, seus irmãos não faziam par-

---

59 MP-1794.

te do fogo, que continuava com um número semelhante de escravos, sete. Sua renda, nesse ano, provinha declaradamente de negócios de fazenda seca que buscava no Rio de Janeiro. Sua patente militar era de capitão de milícia,[60] fato que certamente vinha a calhar para a realização de suas atividades econômicas, conforme discutimos no item 1.2 do Capítulo 1.

No período estudado, a travessia mais antiga do Rio Anhangabaú também foi objeto de obras de manutenção. Ao menos uma vez, esses reparos foram realizados em obra conjunta, que incluiu o calçamento da Rua de São Bento e a Ponte do Acu, números 3 e 7 da Figura 2.17. Uma e outra foram feitas originalmente na década de 1780, e passaram por consertos posteriores. O calçamento de ruas, bem como a preocupação com o asseio das mesmas, foram questões de particular importância no século XVIII, segundo Ernani Silva Bruno.[61] Diz o autor que a escassez de material era patente, mas parece-nos que a falta de carreiros para o transporte das pedras era ainda mais impeditiva. Encontramos diferentes pedreiras nos registros de trabalho, mas as atas das reuniões da Câmara chegam a obrigar que cada dono de carro da cidade contribuísse com uma carrada por mês para o calçamento das ruas. É provável que os donos dos carros preferissem empregá-los no transporte de mercadorias ou mesmo em obras particulares, resultando em pouca disponibilidade para as construções públicas.

Em 1783, a Câmara ordena os moradores de toda a cidade a calçarem a porção da rua à frente de seus fogos, a custo próprio, por estar a edilidade comprometida com as obras na Casa de Câmara e Cadeia. No mesmo ano, iniciou-se a obra de calçamento da Rua de São Bento, a ser seguida por outras ruas, uma de cada vez, já que não havia carros suficientes para serviços concomitantes.[62] O bando municipal não foi cumprido à risca, acarretando ameaças de punição. Mesmo assim, a sequência foi continuada, pois a Câmara indicou a próxima rua a ser calçada.[63]

---

60 MP-1798.
61 BRUNO, *op. cit.*, p. 163.
62 TAUNAY, *op. cit.*, p. 181.
63 TAUNAY, *op. cit.*, p. 182.

De algum modo, supomos que a querela entre habitantes, Câmara e carreiros foi resolvida a contento, visto que os viajantes do período imediatamente posterior são, em geral, elogiosos da situação das ruas da cidade.[64] O historiador Nuto Sant'anna indica que a presença do engenheiro-militar João da Costa Ferreira seria um dos motivos. Ao menos, é o que afirmou o capitão-general Lorena ao apontar que Ferreira "tem dirigido o modo de se calçarem as ruas dessa cidade, e já muitas delas estão acabadas e ficaram excelentes".[65]

Os documentos relativos à Rua de São Bento permitem apreender as características de um desses serviços de calçamento, nomeando os participantes, para além do possível "autor" dessas obras. Trataremos especificamente dos serviços realizados nos anos de 1798 e 1799,[66] supervisionados pelo cabo Francisco Joze Borges, que também administrou a construção do Chafariz da Misericórdia, como veremos posteriormente.

Os reparos no calçamento podem ser divididos em duas etapas, uma em cada ano. Nas seis semanas de atividades de 1798, todos os serviços foram realizados por negros que tiraram pedras e pelos carreiros que as transportavam, com grande número de repetições. Entre os doze negros participantes das obras, quatro trabalharam em, ao menos, duas semanas, sendo que dois deles estiveram presentes em cinco delas. Os carreiros tiveram um número ainda maior de recorrência: dos nove trabalhadores, apenas dois cumpriram uma única semana. Um terço deles esteve em quatro semanas de trabalho.

No ano de 1799, os trabalhos foram menos extensos e envolveram um número consideravelmente menor de pessoas. O pedreiro Marcelino prestou serviço por três dias em janeiro, provavelmente avaliando as condições do calçamento e propondo os reparos necessários. Em fevereiro, a Câmara adquiriu um boi de João Gonçalves de Oliveira para a condução de pedras, para o qual foi preciso produzir

---

64 BRUNO, *op. cit.*, p. 169-172.
65 SANT'ANNA, Nuto. *São Paulo histórico: Aspectos, lendas e costumes*. São Paulo: Departamento de Cultura, 1944, v. 6, p. 51.
66 Para a Ponte do Acu existem registros de reparos anteriores, nos anos de 1789, 1790 e 1795. FCMSP-41/42.

um carro e duas juntas, entregues pelo carpinteiro Joze Francisco, no mês seguinte.[67] Um grupo de sete presos trabalhou no mesmo ano, mas não há indicação precisa da data – supomos que tenham realizado o transporte do material e executado as obras indicadas pelo pedreiro.

No mesmo período, eram feitos consertos na Ponte do Acu. Em janeiro, o mestre pedreiro Manoel cumpriu um dia de trabalho. Dois meses depois, ele voltaria a essa obra, junto ao taipeiro Tomé, nove pedreiros e dois negros. Esse grupo trabalhou por seis dias. Vale analisar as remunerações entre os trabalhadores, conforme apontadas na Tabela 2.1.

Tabela 2.1 – Remuneração dos trabalhadores da Ponte do Acu, 1799

CATEGORIA	JORNAL POR DIA (RÉIS)
Mestre Pedreiro	320
Pedreiros	100
Taipeiro	240
Escravos	120

Fonte: FCMSP-41/42.

Os trabalhadores registrados como "pedreiro" são, em verdade, os serventes desse ofício, recebendo a menor remuneração, inclusive em relação aos escravos, que tiravam pedras. Trataremos novamente dessa categoria no capítulo seguinte.

Não é possível precisar a data, mas sabemos que, no ano de 1799, houve ainda outra empreitada na Ponte de Acu, quando "Cahiram os muros dos lados".[68] Dez presos foram convocados para esse serviço, que durou vinte dias.

Em fins do século XVIII, a ocupação de São Paulo começava a intensificar-se na região localizada entre as duas pontes sobre o Rio Anhangabaú, que viria a ser a Cidade Nova e que abrigaria também uma das primeiras áreas destinadas ao diver-

---

67 Retomamos aqui a Figura 2.5, em que consta a assinatura em cruz do carpinteiro.
68 FCMSP-41.

timento na cidade, a Praça do Curro, localizada pelo número 4 na Figura 2.17. Auguste de Saint-Hilaire, em viagem ao Brasil no início do século XIX, elogia a praça por seu desenho regular e por localizar-se "a pouca distância da cidade".[69] O viajante não chega a presenciar nenhuma das touradas às quais se destinaria o espaço, relatadas pelos viajantes J. B. von Spix e C. F. P. von Martius. Dizem esses:

> Durante a nossa estada, houve uma tourada no circo. Mandam vir os touros do sul da província, e, particularmente, de Curitiba, onde, criados em plena liberdade nos vastos campos, conservam a necessária braveza. Desta vez, entretanto, não pareciam muito bravas as feras e também os matadores (em geral, gente de côr), eram muito inferiores, em agilidade e audácia, aos seus colegas espanhóis.[70]

Os três relatos concordam em um ponto, o desinteresse dos colonos por tal atividade. Os alemães afirmam que a tourada não era do gênio dos portugueses, além de parecer-lhes um uso frívolo de um bem de tamanha importância econômica. Saint-Hilaire concorda com a primeira parte do argumento, mas não deixa de tecer elogios à construção. De sua descrição, sabemos que a praça era circundada por muros, além dos quais havia aleias de cedros. No interior da praça, havia um anfiteatro de madeira, erigido "com bastante gôsto",[71] cujas obras teriam sido dirigidas pelo engenheiro Daniel Pedro Müller. Na documentação camarária do período que estudamos não há menção ao envolvimento de Müller, mas sua atuação poderia tratar-se de incremento posterior.

Assim como a Cidade Nova, a construção da praça pode ser atribuída, em grande medida, ao então doutor Joze Arouche de Toledo. Em 1794, ano das obras, o futuro coronel de 43 anos residia na casa de sua sogra, com a esposa, três expostos e um plantel de 18 escravos.[72] A morada localizava-se na Rua de São

---

69 SAINT-HILAIRE, Auguste de. *Viagem à província de São Paulo*. São Paulo: Livraria Martins Fontes; Editora da Universidade de São Paulo, 1972, p. 156.

70 SPIX, J. B. von; MARTIUS, C. F. P. Von. *Viagem pelo Brasil*. Rio de Janeiro: Imprensa Nacional, 1938, p. 209.

71 SAINT-HILAIRE, *op. cit.*, p.156.

72 MP-1794.

Bento, uma das mais importantes da cidade.[73] O doutor, que se tornaria o marechal Joze Arouche de Toledo Rendon – assumindo o sobrenome de seus antepassados –, foi protagonista de outras empreitadas responsáveis pela remodelação da cidade entre o final do século XVIII e as primeiras décadas do século seguinte. Nas palavras de Nuto Sant'Anna,

> deve-se notar ainda que José Arouche de Toledo Rendon, primeiro diretor da Faculdade de Direito, primeiro diretor do Jardim Botânico, primeiro cultivador de chá, comandante das Armas, homem de grande valor e prestígio sob todos os aspectos, talvez o mais notável de seu tempo, foi também um dos precursores da indústria bandeirante.[74]

Não obstante a abertura da Praça da Legião (atual Largo do Arouche), em sua própria chácara,[75] para treinamentos militares, ele foi pessoalmente responsável pela expansão na direção oeste, trocando "a espada pelo teodolito: ei-lo demarcando a *Cidade Nova* que se estendia desde o Morro do Chá até o Campo do Arouche [...]".[76]

Não há menção à construção da Praça do Curro nas atas da Câmara, o que sugere ainda mais o caráter excepcional da obra. Não era obra particular, mas também não tinha caráter de infraestrutura, como as obras de pontes, edificações públicas, calçamento de ruas ou abastecimento hídrico. De toda forma, a construção da praça foi organizada e conduzida de maneira idêntica às outras

---

[73] Segundo Beatriz Bueno, os imóveis mais caros da cidade, em 1809, localizavam-se nas ruas do Carmo, do Rosário, do Comércio, Direita, de São Bento, da Boa Vista, na Travessa das Casinhas e no Largo da Sé. BUENO, Beatriz Piccolotto Siqueira. "O velho tecido urbano de São Paulo: Proprietários e 'mercado imobiliário' rentista em 1809". *Varia História*, Belo Horizonte, v. 32, jul., p. 132-143, 2004, p. 128.

[74] SANT'ANNA, *op. cit.*, v. 5, p. 121.

[75] A localização da chácara de Rendon consta na Figura 2.18, conforme visto nesse mesmo capítulo.

[76] MOURA, Paulo Cursino de. *São Paulo de outrora: Evocações da metrópole*. São Paulo; Belo Horizonte: Editora da Universidade de São Paulo; Editora Itatiaia, 1980, p. 166 [grifos do autor].

obras no que diz respeito à forma de registro, de pagamento e de execução das atividades no canteiro. Em dezembro de 1793, o cabo Joaquim Muniz pagou um Pedro Antonio pelo aluguel de seu cavalo para levar madeiras ao local das obras. Em janeiro do ano seguinte, foi necessário alugar outro cavalo, pertencente a Antonio Nobre de Almeida e montado por Antonio Pires da Rocha, para terminar o serviço.

Além das madeiras, foram comprados pregos, rojões, chumbo, argolas, telhas, cera, fios, pólvora e outros materiais, o que envolveu algo próximo a duas dezenas de pessoas, entre atravessadores e oficiais mecânicos. Mais uma vez, o fornecimento de materiais é responsável por ampliar a extensão territorial da rede de relações formada em função das obras públicas. Em fevereiro de 1794, o procurador da Câmara, Joaquim Barboza de Araujo,[77] paga 6$000 a um Joaquim Correa Bueno por um milheiro de telhas de sua olaria. Bueno não consta nas listas nominativas que pesquisamos, possivelmente por ser morador dos subúrbios da cidade, não incluídos nos registros desses censos. Além de ser pouco provável que houvesse espaço suficiente nos lotes da área central da cidade para conter uma olaria, acreditamos também que sua localização deveria ser preferencialmente próxima à matéria-prima.

Tal suposição é apoiada pelas informações de uma dessas listas - a de 1798 -, em que o frei Fernando da Madre de Dios e um Ignacio Ferreira de Oliveira informaram serem possuidores, em ordem, de "uma fábrica de telhas na vizinhança da cidade" e "uma chácara no subúrbio desta cidade [...] [em que] faz telhas".[78] Sabemos, pelo censo de 1794, que Oliveira residia à rua que ia de Santa Tereza para a Sé, fazendo uso da chácara como fonte de renda e subsistência.[79]

As sete semanas de obras registradas pelo supervisor datam de janeiro a março de 1794. Nelas, trabalharam 19 oficiais carpinteiros e aproximadamente 31 serventes – entre livres e cativos –, além dos mestres Dezidério da Asumpção e João, res-

---

77   Joaquim Barboza de Araujo atuou como procurador também nas obras do Chafariz da Misericórdia, como consta na Figura 2.8.
78   MP-1798.
79   MP-1794.

pectivamente, carpinteiro e pedreiro.[80] O último trabalhou apenas dois dias e meio, no início de fevereiro. Após sua participação, são registrados dois bilhetes de compra de munições para os presos que trabalhavam na obra. Entretanto, no final de janeiro – antes disso, portanto –, o sargento Aleixo do Amaral Moreira – como vimos, supervisor de outras obras do período – já havia recebido remuneração referente ao aluguel de casas onde se cozinharam as refeições desses trabalhadores.

Entre os carpinteiros, não há dúvida de que os serviços foram intensos. O mestre trabalhou um total de 22 dias e meio em cinco semanas e não esteve presente nas últimas duas. Na Tabela 2.2 vemos o número de repetições entre os demais carpinteiros.

Tabela 2.2 – Participação de oficiais e serventes de carpinteiros na Praça do Curro, 1794

Nº DE SEMANAS DE TRABALHO	Nº DE OFICIAIS	Nº DE SERVENTES
6	2	-
5	-	-
4	3	-
3	3	2
2	3	7
1	8	22
TOTAL	19	31

Fonte: FCMSP-42.

Pelos números em tela, vemos que 60% dos participantes foram ocasionais, entre os quais quase 75% eram serventes. A maior parte dos ocasionais trabalhou na terceira semana, período de maior número de carpinteiros em atividade, conforme apontamos na Tabela 2.3.

---

80 Em dois casos, para os carpinteiros Simão e Salvador, não foi possível determinar se o trabalhador citado era o mesmo em listas distintas. Ou seja, se essa hipótese fosse confirmada, teríamos 48 carpinteiros ao invés de 50. Por ser diferença pequena, acreditamos que não inviabiliza as análises que seguem. FCMSP-42.

Tabela 2.3 – Ocorrências de oficiais e serventes por semana de trabalho na Praça do Curro, 1794

SEMANA	Nº DE OFICIAIS	Nº DE SERVENTES	TOTAL
1ª	8	3	11
2ª	11	4	15
3ª	10	5	15
4ª	9	13	22
5ª	4	8	12
6ª	1	6	7
7ª	4	8	12

Fonte: FCMSP-42.

De fato, de acordo com os registros de trabalho, podemos dizer que houve quase uma substituição dos carpinteiros da primeira para a segunda metade do período de obras, à medida que os serventes vão tornando-se maioria, ao mesmo tempo em que houve certa diminuição no número total de participantes. Nas primeiras três semanas, majoritariamente cumpridas por oficiais, houve a ocorrência de 41 trabalhadores, enquanto nas três últimas, 31. É provável que os serviços tenham se tornado tecnicamente mais simples a partir da quarta semana, uma vez que houve diminuição no número de carpinteiros, substituição dos oficiais pelos serventes e ausência do mestre.

Se a construção da Praça do Curro marca um momento específico de expansão da cidade, podemos dizer que outras obras envolviam questões permanentes, como a representação de poder, simbolizada pela Casa de Câmara e Cadeia. As obras na Cadeia da cidade – marcada no número 1 da Figura 2.17 –, no período estudado, concentraram-se nos anos de 1789 a 1791, que registraram a maior frequência de atividades das listas de trabalhadores e dos recibos. Há, no entanto, pequenos serviços executados antes e depois desse período, assim listados: em 1777, um pedreiro não nominado recebeu $800 para fazer o reboco da edificação; em 1785, o alfaiate Calixto de Faria Valadares foi responsabilizado pela compra de pregos diversos e outros materiais, para o que o tesoureiro disponibilizou 52$822; e, em 1798 e 1799, trabalharam o ferreiro Jacinto Correa dos Santos,[81] o

---

81 O ferreiro contribuiu também para as obras da Ponte dos Pinheiros.

carpinteiro Ildefonso, um latoeiro[82] e um pedreiro em tarefas isoladas, cuja preocupação central parece ter sido a segurança da Cadeia, ameaçada por fechaduras corrompidas e aberturas nas paredes, feitas pelos presos. O dito ferreiro recebeu, ao todo, mais de 10$000, enquanto aos demais foi pago, respectivamente, $360, $120 e $800.

Na empreitada principal, participam dezenas de carpinteiros e pedreiros, além de alguns taipeiros, pintores e ferreiros. O único carro empregado foi o do Convento do Carmo, destinado ao transporte de materiais usados na composição da taipa - areia, saibro e estrume.[83] Ao todo, somamos 100 trabalhadores, cujas ocupações detalhamos na Tabela 2.4.

Tabela 2.4 – Trabalhadores livres e escravos das obras na Cadeia, 1789 a 1791

CATEGORIA	MESTRES LIVRES	MESTRES ESCRAVOS	DEMAIS LIVRES	DEMAIS ESCRAVOS
Carpinteiros	1	-	28	3
Pedreiros	2	1	11	11
Ferreiros	-	-	1	-
Pintores	1	-	1	-
Taipeiros	1	-	1	-
Não identificados	-	3	3	32
TOTAL	5	4	44	47

Fonte: FCMSP-41/42.

Praticamente todos os trabalhadores cuja ocupação não pode ser precisada trabalharam no ano de 1789, conforme consta nas listas redigidas pelo alcaide João Roiz de Carvalho. No mesmo ano, Taunay informa-nos que foi posta em praça a execução de treze janelas de pedra para a edificação.[84] Do ano de 1790, temos um único rol e 20 recibos. Quatro deles são registros anuais de férias pagas a carpinteiros, pedreiros, taipeiros e aqueles que tiraram pedras nas pedreiras.

---

82   Segundo definição atual, o latoeiro é uma espécie de funileiro, que trabalha com latão.
83   Nas obras de pontes existe maior ocorrência de serviços de condução, pelo uso constante de pedras.
84   TAUNAY, op. cit., p. 112.

Outros quatro são bilhetes comunicando o recebimento de madeiras que haviam sido encomendadas. Os quatro condutores diferentes não foram localizados nas listas nominativas que usamos, o que pode indicar que eram moradores de subúrbios ou freguesias vizinhas, onde havia maior disponibilidade de árvores para corte. Quem assina todos esses bilhetes é o então escrivão Pedro Alexandrino Rangel.

Os 12 recibos restantes referem-se à remuneração dos trabalhadores, entre eles, quatro escravos. Manoel, de Domingos Roiz Maia, e Jacinto Ferreira, de Carlos Manoel da Silva, foram pagos em uma ocasião; o mestre pedreiro João de Oliveira, do padre Ivo Joze Gordiano,[85] e Mateus, de Dona Anna Joaquina, receberam dois pagamentos cada. Além dos cativos, figuram nos bilhetes os ferreiros Joze da Silva e Jacinto Correa dos Santos, sendo que cada um deles foi remunerado por dois serviços distintos.[86] Nos dois bilhetes restantes não é possível identificar os prestadores dos serviços.

---

85 Trataremos do mestre pedreiro no item 3.7, do Capítulo 3, ao discutirmos as possibilidades de diferenciação e ascensão decorrentes da atuação profissional nas obras públicas.

86 Os dois ferreiros serão objetos do Capítulo 3, ao tratarmos da identificação dos oficiais mecânicos e das mudanças e permanências de seus locais de moradia na cidade.

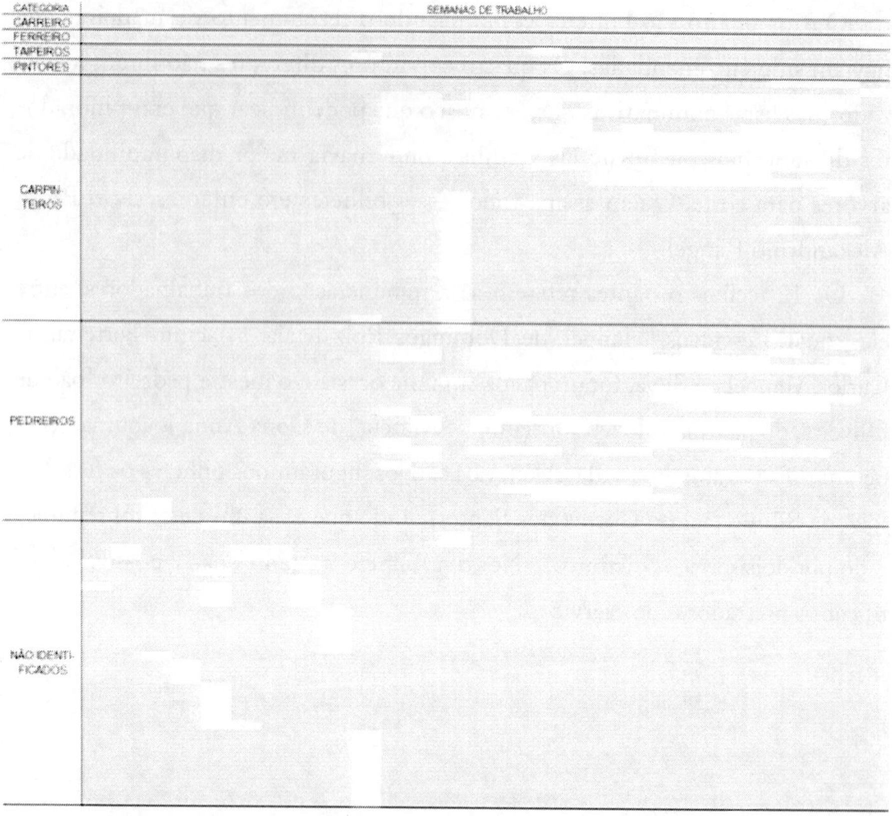

*Figura 2.20 – Análise gráfica da tabela contendo as
listas de trabalhadores das obras da Cadeia*

As atividades aumentaram consideravelmente no ano seguinte, assim que a Câmara desiste de esperar por um arrematante para as obras e decide tocá-las a jornal.[87] Para 1791, temos 16 listas e 36 recibos. Podemos dizer que se tratou de uma nova empreitada, visto que houve apenas uma repetição entre os trabalhadores: o mestre pintor Manoel dos Santos recebeu os mesmos $320 por dia de trabalho, tanto em abril de 1791 quanto em setembro de 1789.[88] Na Figura 2.20, apresentamos os registros de trabalho das listas desses dois anos, no mesmo formato da Fi-

---

87 TAUNAY, *op. cit.*, p. 113.

88 No item 3.6 do Capítulo 3, o mestre pintor será reapresentado, como forma de investigação acerca da transmissão dos saberes construtivos.

gura 2.19, ou seja, com o comparecimento dos trabalhadores de cada categoria registrados nas células em branco. Nota-se o contraste entre as duas partes da planilha, que denota um ritmo de trabalho mais intenso ao longo das semanas registradas em 1791. Além disso, nesse ano, a repetição dos carpinteiros em semanas consecutivas foi ligeiramente mais comum do que entre os pedreiros, ou seja, entre os últimos havia maior variação, enquanto a presença dos carpinteiros era mais constante.

Eram 32 carpinteiros, cuja média de participação era de 5,28 ocorrências,[89] enquanto os 26 pedreiros tiveram 4,65 ocorrências em média. A diferença parece pequena, mas há uma situação de exceção entre os carpinteiros que pode ser desconsiderada para os fins dessa análise. Se excluirmos da conta os 17 carpinteiros que aparecem na primeira lista de 3 de abril – cuja presença pode ser descrita como ocasional em função da diferença entre essa e outras listas – a média de ocorrências dessa categoria sobe para 9,8. Em outras palavras, podemos dizer que, nesse grupo de carpinteiros, cada trabalhador esteve presente em quase dois terços das 16 semanas de trabalho. Destacamos aqui os carpinteiros Joaquim Pires,[90] Joze Correa, Manoel Alvares,[91] Manoel de Souza e Furtuozo Roiz, que trabalharam em 14 ou mais semanas. Entre os pedreiros, há três casos de participação em 13 ou 14 semanas, sendo todos escravos – os cativos compunham metade dos pedreiros e apenas um décimo dos carpinteiros. A repetição de vários trabalhadores e a própria constância na ocorrência das obras evidenciam que essas atividades constituíam, de fato, um campo profissional no qual a participação dos habitantes era uma forma reconhecida de obtenção de renda. Essa questão será aprofundada na análise contida no próximo capítulo.

Apesar da integração física, os reparos na Câmara não seguiram exatamente o mesmo cronograma daqueles feitos na Cadeia. O paço municipal, indicado pelo número 2 da Figura 2.17, era objeto de especial atenção desde o início do século

---

89 Uma ocorrência equivale à menção em um rol de trabalhadores, o que indica que o trabalhador cumpriu ao menos um período de trabalho na semana a que se refere a lista. A partir dos valores de cada trabalhador – ou seja, o número de vezes em que cada um é citado nas diferentes listas – obtivemos a média aritmética de ocorrências para cada categoria.

90 O carpinteiro Joaquim Pires também consta nas análises sobre a residência dos oficiais mecânicos, no Capítulo 3.

91 Manoel Alvares trabalhou também nas obras da Câmara, como veremos a seguir.

XVIII. O senado chegou a recorrer ao aluguel de edificações de particulares para abrigar os encarcerados e realizar suas reuniões e afazeres, conforme relata Taunay.[92] Em 1783, a situação chega a tal ponto que se inicia uma campanha para obter contribuições para a construção de um prédio em que Cadeia, Câmara e o açougue pudessem estabelecer-se em definitivo. Mesmo com o projeto pronto e o empenho de alguns oficiais, a obra não se iniciou até 1788, por falta de quem a arrematasse. Daí em diante, começaram os trabalhos.

Os registros documentais referem-se a apenas um período de obras, entre setembro e novembro de 1789, em que trabalharam alguns jornaleiros. Podemos observar claramente as etapas de preparação, execução e finalização das obras, que não foram subsequentes, mas que podem ser singularizadas.

No dia 19 de setembro, o escrivão da Câmara passou dois bilhetes com pagamentos diversos: um para o aluguel de um cavalo que conduziria tabatinga[93] para a obra por dois dias, e outro para um capitão do mato que foi à pedreira chamar o mestre pedreiro. Nas semanas seguintes, pedreiros, pintores, um carpinteiro e dois trabalhadores sem ocupação definida revezaram-se nas obras até o final de outubro. Na mesma semana em que o carpinteiro Manoel Alvares trabalhou por cinco dias, um grupo de escravos é pago para trazer os paus adquiridos para a obra, provavelmente extraídos de alguma chácara ou sítio nas imediações da cidade. Em novembro, novos materiais são comprados, mas não são especificados no recibo relativo – não deviam ser poucas coisas, visto que o bilhete refere-se a um total de 12$120. Antes disso, ainda em outubro, foi adquirido um ferro para a porta da Cadeia. No entanto, apenas em meados de novembro, o ferreiro Jacinto Correa dos Santos receberia 1$060 por serviços e produtos que havia executado. Desse modo, é possível apreender trabalhos referentes: à compra e à entrega de materiais, aos variados serviços executados por oficiais mecânicos; à finalização de tais serviços; e ao auxílio de outros trabalhadores para o andamento dessas tarefas.

---

92 TAUNAY, *op. cit.*, p. 104.

93 A tabatinga é um tipo de argila – "saibro ou barro branco", segundo Ernani Silva Bruno – retirada da região conhecida como Tabatinguera, às margens do Rio Tamanduateí, e usada nas construções paulistas, durante o período colonial. BRUNO, *op. cit.*, p. 119.

As edificações públicas – tais como a Câmara e a Cadeia – tinham papel emblemático na vida urbana colonial, representando o poder da Coroa e a própria organização da vida social. Segundo Murillo Marx, "se contava com *recursos* e com *empenho* para tal, a vila ou cidade erguia um edifício [público]".[94] Tão perene quanto a representação simbólica do poder público, era a necessidade do fornecimento de água potável, que mobilizou fontes diversas ao longo do período colonial. Em fins do século XVIII, a cidade de São Paulo possuía algumas bicas, das quais a população fazia uso para seu abastecimento. Periodicamente, essas águas sofriam por quantidade insuficiente ou qualidade inadequada. Em alguns casos, isso se devia à má conduta dos habitantes e, em outros, ao esgotamento das fontes. No início da década de 1770, relata Taunay, um Manoel da Rosa Silva foi intimado a sepultar um cavalo seu que havia morrido e cujo corpo encontrava-se atrás da fonte do Acu, degradando suas águas.[95]

Sobre o mesmo tema da inadequação das águas públicas, o historiador narra uma das tentativas da Câmara de solucionar a questão de forma mais permanente. Trata-se da mal sucedida empreitada de canalização do Córrego do Ipiranga, que teve início em meados de 1773. A proposta não foi levada a cabo, provavelmente em função de impedimentos técnicos, apesar da obra ter sido posta em praça no mesmo ano.[96]

Duas décadas depois, o capitão-general Lorena anunciava a conclusão de outra obra, de objetivo semelhante.[97] O Chafariz da Misericórdia, número 5 da Figura 2.17 – "projetado pelo brigadeiro João da Costa Ferreira e executado pelo lendário pedreiro Tebas"[98] –, resultou em água em abundância e de excelente qualidade, após cerca de dois anos de trabalhos, entre fevereiro de 1791 e fevereiro de

---

94 MARX, Murillo. *Cidade brasileira*. São Paulo: Melhoramentos; Editora da Universidade de São Paulo, 1980, p. 76 [grifos nossos].

95 TAUNAY, *op. cit.*, p. 188.

96 *Ibidem*, p. 188-189.

97 ARQUIVO PÚBLICO DO ESTADO DE SÃO PAULO. *Documentos interessantes para a história e costumes de São Paulo*. São Paulo: Duprat & Comp., 1924, v. 46, p. 202.

98 TOLEDO, 2004, p. 15.

1793. A maior parte dos serviços foi realizada por pedreiros – livres e escravos – e carreiros, ou seja, condutores de material – no caso, majoritariamente pedras.

Assim como nas obras da Rua de São Bento, podemos dizer que houve duas etapas, já que os trabalhos realizados no primeiro ano foram significativamente distintos daqueles do segundo. Em 1791, os trabalhadores concentraram-se na extração de material da pedreira de São Caetano, para a qual receberam apenas mantimentos e nenhuma remuneração. Tomando como referência um procedimento comum, supomos que eram presos executando trabalho compulsório. No entanto, podemos aventar a hipótese de que esses trabalhadores eram – ao menos em parte – índios. Em documento de 11 de abril, Joze Joaquim Xavier de Toledo indica a necessidade de pagar Januario e Salvador de Siqueira, indígenas de aldeias distintas, pelos dias de trabalho cumpridos. O motivo pelo qual recebiam esses vencimentos era "Se acharem Molestos",[99] o que os forçava a deixar as atividades na pedreira e retornar a suas aldeias. Não há outros bilhetes de pagamento de jornais dessas atividades nessa etapa, e os recibos de mantimentos indicam apenas que esses eram endereçados à "municam dos trabalhadores dapedra do xafaris em apedreira de S. Caetano",[100] sem nenhuma outra informação acerca dos mesmos.

As atividades de extração de pedras e condução dessas até o local das obras envolveram vários cabos, uma vez que ocorriam em áreas diferentes. A condução de mantimentos para os trabalhadores, a retirada de pedras e o deslocamento dessas até o Chafariz configuravam trajetos que percorriam desde o Caminho de Santos – onde se localizava a pedreira – até o Largo da Misericórdia. A documentação indica ainda que parte do percurso dos materiais era realizada por via fluvial. Segundo letra do cabo Francisco Correa de Barros, em duas ocasiões um grupo de negros foi pago para "tirar da Cannoa, e Subir nos Carros, as Pedras", mas não é possível precisar que caminho era esse.[101]

As únicas identificações encontradas dizem respeito a dois carpinteiros que foram remunerados pelos jornais de cinco dias de trabalho cada, em 19 de março,

---

99 FCMSP-42.

100 *Idem*.

101 *Idem*.

e aos trabalhos de Joaquim Pinto de Oliveira Thebas e seus escravos, em 15 de fevereiro. Já em 1792, não houve nenhum serviço de carpintaria, apenas carreiros, pedreiros e broqueadores.[102] O mestre pedreiro Thebas voltou a trabalhar no Chafariz, recebendo o pagamento referente em 10 de julho.

Os documentos desse ano, ao contrário dos anteriores, apresentam indicações muito mais claras acerca dos trabalhadores envolvidos. Grande parte dos recibos e listas é assinada – mais uma vez – pelo sargento Aleixo do Amaral Moreira, cujos registros destacam-se pela organização e detalhamento em todas as obras de que foi administrador.

Na documentação do Chafariz, é possível identificar a maioria dos condutores de material. Os carros usados pertenciam a 18 pessoas diferentes, entre elas, duas mulheres, um meirinho, um alferes e dois padres.[103] Das sete semanas de trabalho registradas, quatro tiveram a participação de presos, referenciados pela compra de alimentos para seu sustento.

No rol de trabalhadores de 17 de março,[104] consta um pagamento a três negros, que receberam $020 cada. Sabemos que essa semana de trabalho contou com pedreiros e broqueadores, que estiveram presentes entre quatro e seis dias, mas os negros de aluguel foram pagos para executar alguma tarefa específica e pontual, não discriminada no documento. Além de Thebas, um Manoel Roiz consta como mestre pedreiro; os outros vinte trabalhadores são registrados como "pedreiro" ou "servente de pedreiro". Nenhum é descrito como escravo, mas grande parte deles é lis-

---

102 A extração e a quebra de pedras eram feitas com o auxílio de um instrumento de ferro, denominado "broca", nos documentos da Câmara. Em obras e períodos distintos, ferreiros eram remunerados para produzir, consertar ou fazer a manutenção dessas ferramentas. Apenas nos serviços do Chafariz, encontramos a referência aos "broqueadores", em um único registro, datado de 17 de março de 1792. No mesmo documento, consta a compra de quatro brocas e outros instrumentos auxiliares, o que permite supor que esses trabalhadores eram especialistas na manipulação ou produção das brocas. FCMSP-41.

103 Em cinco documentos, é indicado apenas o conteúdo da carrada - pedras, areia ou telhas. Como se trata de um número pequeno dentro do universo da documentação dessa obra, acreditamos não prejudicar a análise.

104 FCMSP-41.

tada apenas com o primeiro nome, prática comum na referência aos cativos. Assim, entendemos que houve, sim, participação de escravos, mas que o supervisor não se ocupou de distingui-los dessa forma nos registros de atividades.

Esse lapso de informação é sugestivo para nossa análise, porque aponta para uma superposição das relações de trabalho sobre as relações sociais. Isso não significa que as obras modificavam a forma de relação da população estratificada, mas entendemos que esses espaços adicionavam outras informações a essas relações, criando vínculos à medida que o trabalho era organizado e executado. Esses vínculos – como escravos e livres recebendo a mesma remuneração e trabalhando lado a lado – eram realidades dentro dos canteiros de obras, em que as relações profissionais entre os habitantes sobrepunham-se às sociais. Essa condição não é exclusiva das atividades construtivas, podendo ser associada, de modo geral, às diferenças entre a mão de obra rural e a urbana, já que os escravos dispunham de maior autonomia sobre seu trânsito e seu trabalho nas cidades.[105]

A conclusão das obras do Chafariz provavelmente ficou a cargo do mestre Thebas, que recebeu, em 20 de fevereiro de 1793, jornais dos trabalhos que ele e seu escravo João realizaram. Foi o último registro de atividades antes do sobredito anúncio do capitão-general. Como vimos, portanto, o mestre participou de forma frequente, porém esporádica, o que indica que seus serviços tinham um caráter mais sofisticado, por assim dizer. Era preciso que carreiros e pedreiros trabalhassem por semanas até que chegasse o momento em que o mestre executava sua parte.

Apesar de a obra ser dada por encerrada no começo de 1793, alguns serventes e mestres pedreiros voltam ao trabalho em outros dois períodos desse mesmo ano. Em junho, um pedreiro e dois escravos não identificados são pagos para examinar o funcionamento do Chafariz.[106] É provável que essa avaliação tenha sido negativa, visto que, em agosto e setembro, novos trabalhos são realizados na mesma fonte. Em 1794, há registro da condução de cal, vinda de Cubatão, para as obras no Chafariz, apesar de não haver nenhum indício de atividades nesse ano.[107]

---

105 Cf. ALGRANTI, Leila Mezan, *op. cit.*
106 FCMSP-42.
107 A remuneração pela condução do material é feita a um Joaquim Joze Freire da Silva, médico do presídio de Santos. FCMSP-42.

É apenas nos anos de 1796 e 1799 que veremos novas etapas de trabalho com a participação de diversos pedreiros e um carreiro. No primeiro ano, o supervisor das obras ainda é o sargento Moreira. Suas listas de trabalhadores, no entanto, passam a indicar os escravos como tais. Esses documentos são sensivelmente diferentes daqueles do período de edificação da fonte. Há várias intervenções em caligrafias distintas, além de partes riscadas ou reparadas, o que nos permite dizer que a própria organização das atividades sofreu mudanças. Em 1799, a administração das obras passa ao cabo Francisco Joze Borges, que supervisionou o calçamento da Rua de São Bento no mesmo período.[108] Não há nenhuma indicação, nos documentos camarários, sobre o motivo das recorrências constantes entre os supervisores de obras, mas podemos supor que o principal fosse a experiência adquirida no desempenho dessa atividade, para a qual, como dissemos anteriormente, era preciso ser letrado e de confiança.

É importante notar que o mestre pedreiro Manoel Roiz, que chegou a trabalhar em 1792, foi listado em outros sete documentos dos anos de 1793, 1796 e 1799. Ou seja, apesar de não ser o mestre cujo nome ficou historicamente associado ao Chafariz, Roiz não apenas participou de sua construção, mas foi também responsável por sua manutenção ao longo de quase uma década.

AS OBRAS COMO ARTICULAÇÃO ENTRE A POPULAÇÃO E O PODER PÚBLICO

Das variadas formas de organização das obras, apreendemos algo comum - o conceito de coisa *pública*, que estava no cerne da própria relação entre administração, população e espaço. O usufruto do espaço pela população era condicionado a certas obrigações. A documentação camarária explicita que a conservação e a exe-

---

[108] Há também um documento, em pior estado de conservação, no qual não é possível ler o último dígito da data, que é assinado pelo cabo Francisco Joze Borges Negrão. Por seu aspecto, acreditamos não ser da mesma empreitada de 1799. Considerando que em 1796 o supervisor ainda era o sargento Aleixo do Amaral Moreira, a lista em questão deve referir-se a trabalhos realizados entre esse ano e 1799. *Idem*.

cução de modificações no espaço eram, em alguns casos, de responsabilidade da população residente na área afetada, ainda que fossem obras que beneficiavam outras localidades dentro da capitania. Amílcar Torrão Filho, no artigo "Em utilidade do bem comum: usos e conflitos do espaço público em São Paulo",[109] afirma que a restauração da capitania de São Paulo marca também o momento em que tem início o refinamento da distinção entre os espaços público e privado, processo esse que ocorre concomitantemente na colônia e na metrópole, onde o morgado de Mateus e o marquês de Pombal atuavam em visível congruência. O autor trata especificamente da administração desse capitão-general, ou seja, do período imediatamente anterior ao que aqui estudamos, no qual

> [...] inicia-se uma definição dos espaços públicos, ou de uso comum, da cidade, bem como um policiamento de sua utilização, impondo uma administração "moderna" e "ilustrada" do uso dos espaços urbanos, típica do período pombalino, aos antigos usos e costumes da terra, tantas vezes confundidos com "desordem" e com uma sobreposição dos interesses privados sobre os direitos públicos, conceitos que ainda não estavam definidos nesta época como os conhecemos hoje.[110]

Uma de suas fontes recorrentes é Caio Prado Jr., que faz extensa ressalva à tentativa de compreender a administração colonial segundo princípios jurídicos correntes, justamente pela falta de delimitação precisa entre as funções de cada cargo ou instância. Nas palavras do autor, "O Estado aparece como unidade inteiriça que funciona num todo único, e abrange o indivíduo, conjuntamente, em todos seus aspectos e manifestações".[111]

A regulação da cidade realizada pela Câmara baseava-se na primazia do *bem comum*, ou seja, buscava a melhor forma de garantir os interesses dos habitantes da cidade. Esse objetivo balizava o alcance das decisões administrativas que, não

---

109 TORRÃO Filho, Amilcar. "Em utilidade do bem comum: usos e conflitos do espaço público em São Paulo". *POLITEIA: Hist. e Soc*, Vitória da Conquista, v. 6, n. 1, p. 149-175, 2006.
110 *Ibidem*, p. 157.
111 PRADO Jr. Caio. *Formação do Brasil Contemporâneo: Colônia*. São Paulo: Editora Brasiliense, 1973, p. 299.

raro, ultrapassavam os limites do espaço público – ou os temas de cunho público. A própria conduta dos habitantes já era regulamentada a fim de assegurar que a cidade fosse tal qual era desejado por sua elite, assim como se prevê nas legislações contemporâneas.

No entanto, nesse período, a ideia de que o modo de vida adequado seria essencial para o bom funcionamento da cidade resulta na ausência de uma "divisão marcada, nítida e absoluta, entre um direito *público*, que diz respeito às relações coletivas, e *privado*, às individuais".[112] Cabia à Câmara exercer a fiscalização necessária para controlar as práticas dos habitantes. Segundo C. R. Boxer, as câmaras coloniais portuguesas reproduziam sem inovações o funcionamento de suas correlatas da metrópole, cujas funções eram tais como segue.

> A Câmara supervisionava a distribuição e o arrendamento das terras municipais e comunais; lançava e cobrava taxas municipais; fixava o preço de venda de muitos produtos e provisões; passava licenças aos vendedores ambulantes, bufarinheiros, etc., e verificava a qualidade das suas mercadorias; passava licenças para a construção; assegurava a manutenção de estradas, pontes, fontes, cadeias e outras obras públicas; regulamentava os feriados públicos e as procissões, e era responsável pelo policiamento da cidade e pela saúde e sanidade públicas.[113]

Do excerto, apreendemos a amplitude do escopo das ações da administração pública local, bem como a profundidade de seu poder – ou de seu dever – com relação à vida dos moradores. Vemos também que o espaço físico não estava dissociado das demais funções. As cartas de datas de terras do período, por exemplo, possuem certo padrão em sua redação, segundo o qual o habitante que recebesse a permissão para o uso de terras era obrigado a construir suas edificações em até seis meses da aprovação do pedido, ou perdia o direito de usá-las. Nas palavras do documento, o requerente que recebesse terras deveria

---

112 PRADO Jr. Caio, loc. cit. [grifos do autor].
113 BOXER, C. R. *O império colonial português*. Lisboa: Edições 70, 1977, p. 308 [grifos nossos].

> [...] cercalas dentro em seis mezes, e todo o edifício que fizer [deveria] ser cuberto de telhas [sob] pena de se dar por devolutas a quem as pedir, tendo as suas testadas sempre carpidas e asseadas deixando as servidoens publicas, livres, e dezembaraçadas [...].[114]

O uso adequado do espaço – ainda que fosse um terreno privado – era não apenas desejável como obrigatório, tornando os limites entre os interesses privados e os públicos bastante turvos. Tomemos o caso do abastecimento de água, a partir das observações feitas por Taunay.[115] As fontes e chafarizes disponíveis para o uso da população geralmente situavam-se em terras de particulares, como a fonte de São Francisco, nas cercanias do convento franciscano. Constantemente, esses aparelhos precisavam de reparos por conta de depredações, entupimentos e avarias de uso. Em vários momentos, a Câmara era chamada a dispor de suas rendas para os consertos necessários, interferindo diretamente na propriedade de um habitante e assumindo as despesas.

Nem sempre as intervenções eram bem recebidas. Em 1787, a chamada Bica do Acu foi o objeto de diversas reclamações, em função da má qualidade da água ali disponível. À Câmara, foi solicitado o fechamento da dita fonte, bem como a abertura de um novo olho d'água em área próxima, nas terras do capitão Francisco Xavier dos Santos,[116] nas quais se observou a existência de fontes de água de melhor condição.

O capitão protestou em várias instâncias, sem sucesso, contra as intenções da Câmara de reverter a posse de seus chãos ao poder público em prol do abastecimento da população. O plano contou ainda com a abertura de uma rua por onde se acessaria tal fonte, da forma mais direta possível, para a qual foi feita a avaliação das edificações que deveriam ser aforadas e demolidas. Uma vez definida pela Câmara a necessidade imediata de solucionar tal situação, seus oficiais levaram a cabo os procedimentos para ressarcir aqueles cujas casas ou terrenos estavam no

---

114 PREFEITURA DO MUNICÍPIO DE SÃO PAULO. *Cartas de datas de terras*. São Paulo: Est. Graph. Cruzeiro do Sul, 1937, v. 6, p. 16.

115 TAUNAY, *op. cit.*, p. 187-195.

116 A chamada Chácara do Chá, propriedade do coronel Francisco Xavier dos Santos, localizava-se tal qual apontado na Figura 2.18, pelo número 1.

caminho da fonte. Era, portanto, um momento de conflito à medida que se demarcavam os limites de atuação do poder público.

Quando os camarários determinavam que os danos em fontes e chafarizes haviam sido causados diretamente por algum morador, cabia a ele arcar com os custos das obras necessárias para o conserto. A certa altura, foi esse o caso da fonte do Acu, cujo funcionamento estava comprometido pelas "taipas que Luiz Pereira de Macedo vinha fazendo na sua vizinhança",[117] taipas essas que deveriam ser demolidas e reparadas à custa do mesmo.

Essa fonte ficou conhecida também como fonte do Zunega, em alusão ao sargento-mor Manoel Caetano de Zunega, em cujas terras corria a água que era colhida na dita bica. Em várias ocasiões, o sargento-mor entrou em disputas com a Câmara, expondo a sobreposição do uso privado e do bem comum, resultado da imprecisão das funções e dos poderes sob a administração colonial.

As pontes sobre o Rio Anhangabaú também eram referidas pelas alcunhas de seus benfeitores. A Ponte do Anhangabaú foi construída por ordem do capitão-general Bernardo Joze de Lorena, motivo pelo qual logo foi chamada de Ponte do Lorena (1788-1797).

> Foi o próprio Lorena quem promoveu a união das duas encostas do ribeirão [do Anhangabaú], construindo uma ponte de pedra sobre o mesmo. Assim, o núcleo histórico ficou ligado ao Piques, de onde saía a estrada para Sorocaba, estrada de tropa de mulas por excelência.[118]

A transposição mais antiga, a Ponte do Acu, também era dita Ponte do Marechal, em relação ao marechal e frei Joze Raymundo Chichorro, administrador imediatamente anterior da capitania (1786-1788). Nesses casos, não se tratava, portanto, de moradores ilustres, mas da própria representação do poder público e seu caráter personalista.

No caso das travessias que ligavam a cidade às comunicações, como a Ponte de Santana, vemos tanto as obrigações que deveriam cumprir os moradores locais – nos

---

117 TAUNAY, *op. cit.*, p. 188.

118 TOLEDO, 2004, p. 15.

termos colocados por Müller, no trecho transcrito anteriormente – quanto a responsabilidade compartilhada das freguesias vizinhas ligadas pela estrutura. Nas obras da dita ponte, os capitães de Santana e Juqueri – ou seja, os habitantes sob seus comandos – arcaram, em igual proporção, com os custos dos serviços no aterrado.

O financiamento conjunto das obras vai além da agregação física dos envolvidos. A Cadeia de São Paulo, por exemplo, servia a outras vilas, que não possuíam juízes ou camarários preparados para tais funções, tampouco tinham a respectiva edificação. A título de exemplo, citamos aqui a carta do capitão-general Martim Lopes Lobo de Saldanha, datada de 1775, em que esse ordena a prisão de dois homens de Santo Amaro, que deveriam ser recolhidos à Cadeia de São Paulo.[119] Em 1777, o mesmo envia outra missiva ao então capitão da dita freguesia, Martinho Alvares de Figueiredo Leme, parabenizando-o por prender a índia Suzana, de modo a destruir um quilombo que havia na aldeia de Carapicuíba. A fim de receber a punição adequada, a índia foi enviada a São Paulo, onde ficaria encarcerada.[120] Sendo ainda a Cadeia da sede da capitania, essa construção era simbolicamente importante para as demais vilas, do que decorria a obrigação dessas em contribuir para sua conservação – obrigação que data do momento mesmo em que São Paulo passa a ser sede administrativa.

Nos anos que seguem à elevação da vila de São Paulo a cidade, a Coroa portuguesa é noticiada de que a Casa de Câmara e Cadeia da nova sede encontrava-se em estado lastimável, incapaz de cumprir suas funções, agora mais importantes. Ao longo da década de 1720, várias correspondências são trocadas entre a administração colonial e a metrópole, com o intuito de definir prioridades e viabilizar a execução das obras necessárias. Até que, em carta régia de 28 de janeiro de 1730, Dom João comunica ao governador da capitania, Antonio da Silva Caldeira Pimentel, a forma como será feito o pagamento das obras da nova cadeia da cidade de São Paulo, que "se reconhesse por muy preciza". Consta no documento que o rei fez

---

119 ARQUIVO PÚBLICO DO ESTADO DE SÃO PAULO. *Documentos interessantes para a história e costumes de São Paulo*. São Paulo: Casa Eclética, 1954, v. 74, p. 27-28.

120 *Idem. Documentos interessantes para a história e costumes de São Paulo*. São Paulo: Casa Eclética, 1954, v. 79, p. 60.

> [...] mandar contratar para a obra da dita cadea dos effeitos da fazenda Real com quatro centos mil r.s cada anno por tempo de dés annos, e ao ouvidor geral dessa mesma Cappitania ordeno faça lançar húa finta por todas as povoações e villas da sua Commarca, [...] escolhendo [a Câmara de São Paulo] os meyos mais suaves para a d.a contribuhição, e rematando-se a quem a faça com mayor commodo [...].[121]

O teor e as ordens dessa carta vigoraram por décadas, sendo preservados, ao menos, até o período em que se insere o recorte que aqui definimos. Em 13 de dezembro de 1784,[122] o capitão-general Francisco da Cunha e Menezes evoca tal provisão ao ordenar que a vila de Mogi das Cruzes deveria também concorrer para as obras na Cadeia – que se faziam novamente necessárias –, da mesma forma como haviam feito as câmaras de Atibaia, Sorocaba, Taubaté e Guaratinguetá.

No sentido geral da obrigação devida, é bastante significativo o conteúdo da carta redigida pelo frei Joze Raymundo Chichorro, em 5 de fevereiro de 1789, em que responde aos oficiais da Câmara, que haviam solicitado a sobredita abertura de rua que permitisse o acesso dos habitantes à fonte de água existente nas terras do capitão Francisco Xavier dos Santos. Chichorro mostra-se plenamente convencido da necessidade de tal arruamento, em vista das águas da Bica do Acu encontrarem-se imundas. Em suas palavras, essa obra justifica-se pela "Utilidade que Rezultará ao Bem publico da Cidade". O frei não deixa de elogiar a iniciativa dos camarários, como se vê no trecho abaixo.

> [...] Louvando a vossas merces muito o grande Zelo, comque se dezeiao empregar no desempenho de seos cargos, e com que tão animados pertendem assim fazer de alguma sorte mais felizes os moradores e Cidadaons da sua Cidade; emendando nella alguns defeitos, e promovendo as uteis eneceçar e as obras concernentes á sua Publica neceçidade, em que os predecessores de Vossas merces pouco cuidarão [...].

---

121 Idem. *Documentos interessantes para a história e costumes de São Paulo*. São Paulo: Typ. da Casa Eclectica, [19--], v. 24, p. 9-10.

122 ARQUIVO PÚBLICO DO ESTADO DE SÃO PAULO. *Documentos interessantes para a história e costumes de São Paulo*. São Paulo: Departamento do Arquivo do Estado de São Paulo, 1955, v. 85, p. 139.

Essa forma de escrita poderia parecer um modo corriqueiro de dirigir-se aos subordinados, como meio de manter uma boa relação entre as partes. No entanto, na continuidade da missiva vemos que Chichorro tratava o tema séria e refletidamente. Na passagem que segue, o frei demonstra-se consciente da maneira como era vista, na metrópole, a relação entre o poder público e os deveres dos particulares. Conforme apontado no mesmo artigo deAmílcar Torrão Filho, esse foi o momento em que tomaram contorno algumas definições acerca da segregação entre os espaços público e privado.

> Espero que uzando vossasmerces dajurisdição que para o fazer tem, esegundo o exemplo do Senado de Lisboa, eCamara do Porto, Vista a Publica nececidade, eRezultante otelidade, fasão executar tão ajustado projecto, contra oqual não deverá hir o Referido Capitão Francisco Xa-vier dos Santos, não só pelo proprio interece que lhe pode assim também provir, como porque da sua peSsoa eser hum dos destinos Sidadaons que deve concorrer para o aumento da sua Patria, eocontrario senão deve esperar.[123]

A organização das obras e o envolvimento dos habitantes – fossem eles camarários ou não – pautava-se pelo que podemos chamar de um *senso de comprometimento* com o funcionamento da cidade e da capitania, que resultava na relação de colaboração entre as partes. No plano da execução dos trabalhos, essas obrigações traduziam-se em possibilidades, resultando em fontes de renda e no contato entre os envolvidos – dois caminhos que podiam ser, ao mesmo tempo, transformadores e consolidadores do modo de vida desses habitantes. No capítulo a seguir detalharemos a participação de alguns deles a partir da análise das obras, na escala de seus trabalhadores.

---

123 FCMSP-42.

CAPÍTULO 3

Trabalhadores, demais habitantes e os espaços mobilizados pelas obras públicas

No capítulo anterior detalhamos cada ocorrência de empreitadas ou serviços das nove obras públicas estudadas, bem como os principais grupos e trabalhadores nelas envolvidos. Como visto, os participantes dessas obras formavam um conjunto populacional heterogêneo, cuja forma de atuação nem sempre era igual. As obras constituíam, portanto, um espaço social em que elementos distintos se relacionavam. A seguir apresentaremos esses elementos, desde os oficiais mecânicos – grupo mais facilmente relacionado à atividade construtiva – até as mulheres cujos escravos e filhos envolviam-se nessas atividades. Como veremos, as obras públicas mobilizavam não apenas habitantes de características diversas, mas também espaços de escopos diversos. O canteiro de obras era a solidificação de processos que tomavam corpo no interior das casas e da própria Câmara, conjugando simbolicamente esses espaços e os habitantes que a eles pertenciam.

Os oficiais mecânicos

Assim como são poucas as informações e os debates acerca do modo de planejamento, organização e execução das obras públicas, também os trabalhadores podem aparecer de maneira limitada. Como citamos no capítulo anterior, os trabalhadores de obras realizadas no período são apresentados na historiografia paulista, de modo geral, de maneira pontual. Não raro, são tratados quase como exceções. A alternativa comum a tal forma de apresentação é a análise dos trabalhadores como grupo homogêneo, no caso, os oficiais mecânicos, desde os carpinteiros e ferreiros até sapateiros, alfaiates e afins. Parte dos trabalhadores de obras públicas que estudamos pertencente a essa categoria formal, o que torna esses estudos indispensáveis à análise proposta.

A presença e a importância dos oficiais mecânicos são ponto de debate na historiografia. Certos autores, como veremos, argumentam que esses ofícios eram escassos no período colonial, não sendo portanto relevantes para o estudo da economia brasileira. Em grande medida, essa conclusão é extraída da literatura de viagens, repleta de passagens em que o trabalho dos artífices é retratado como de má qualidade e pouca pontualidade, o que denotaria baixo profissionalismo. Em outras palavras, estariam muito aquém dos oficiais mecânicos europeus, compondo uma categoria profissional não mais do que embrionária. Por consequência da apropriação desse discurso – somada à falta de interesse de uma parcela dos intelectuais pelo espaço urbano colonial –, essa população deixa de figurar também nas análises históricas e sociológicas.

Um dos autores mais importantes dessa linha, Caio Prado Jr., aponta dois fatores principais para a insignificância das artes manuais e da indústria na colônia: as proibições efetivas da Coroa à manufatura colonial e suas restrições motivadas pela preocupação de que essas atividades incentivassem a autonomia dos colonos, prejudicando a submissão a Portugal.[1] Para o autor, o grande latifúndio rege, também, as características dos mais diversos ofícios mecânicos, que têm características distintas nas áreas de exploração econômica – extrativista ou agrícola – e nas vilas e cidades. "Fora das grandes aglomerações, [...] as artes mecânicas e indústrias constituem um simples acessório dos estabelecimentos agrícolas ou de mineração."[2] Enquanto isso, é "nos centros urbanos de maior importância que as profissões mecânicas são mais numerosas; profissões propriamente, desligadas de outras atividades, e autônomas, como não se dá em regra no campo".[3]

Apesar de reconhecer as vilas e cidades como espaço dessas ocupações, o autor estava claramente preocupado com as atividades econômicas coloniais diretamente relacionadas ao mercado internacional, de modo que suas descrições das

---

[1] PRADO Jr. Caio. *Formação do Brasil contemporâneo*: Colônia. São Paulo: Editora Brasiliense, 1973, p. 227.

[2] *Ibidem*, p. 220.

[3] *Ibidem*, p. 221.

condições das artes mecânicas e das indústrias são breves e valem-se de algumas premissas gerais, que seriam problematizadas por estudos posteriores.

Destacam-se duas afirmações. Em primeiro lugar, a predominância de mulatos nos ofícios mecânicos, que seriam "os mais hábeis entre os nacionais",[4] de acordo com relatos de viajantes europeus. Os estudos mais recentes sobre essa categoria apontam para a necessidade de compreender as nuances temporais acerca desse aspecto. Sobre a ideia cristalizada de que os ofícios, por serem vistos com desprezo, seriam quase que exclusivamente desempenhados pelas camadas de menor — ou nenhum — prestígio, Maria Helena Flexor retoma os cálculos de Sérgio Buarque de Holanda e aponta que, em 1765, os oficiais mecânicos distribuíam-se na seguinte proporção: 75% eram brancos; 18%, negros e mulatos; e 7% eram mestiços de índios e brancos. Um século depois, os negros e pardos seriam 60% desses trabalhadores.[5] O período que aqui estudamos encontra-se exatamente nessa transição, entre uma economia paulista majoritariamente envolvida com as atividades que compõem a rede territorial dos sertões coloniais e o impulso ao mercado internacional, gerado pela exploração da cana-de-açúcar.

Ao assumir o comando da capitania de São Paulo, no mesmo ano de 1765, o morgado de Mateus preocupou-se com as condições do trabalho dos artífices, por serem parte importante do cumprimento de seus objetivos de desenvolvimento. Para ele, era preciso regulamentar as atividades desses profissionais, evitando que esses habitantes ficassem ociosos. Interpretando os relatos do morgado sobre a situação do oficial mecânico paulista, Affonso de E. Taunay diz que "faltando-lhe o serviço passaria a andar vadio",[6] o que colocaria em risco os planos de arregimentar a população para o melhor controle e a maior facilidade de aquartelamento. A vadiagem — termo pejorativo para a alta mobilidade da população — era uma das ca-

---

4   PRADO Jr. caio, loc. cit.

5   FLEXOR, Maria Helena Ochi. "Ofícios, manufaturas e comércio". In: SZMRECSÁNYI, Tamás (org.). *História econômica do período colonial*. São Paulo: Hucitec; Associação Brasileira de Pesquisadores em História Econômica; Editora da Universidade de São Paulo; Imprensa Oficial, 2002, p. 179.

6   TAUNAY, Affonso de E. *História da cidade de São Paulo no século XVIII*. São Paulo: Divisão do Arquivo Histórico, 1951, v. 2, pt. 1, p. 24.

racterísticas mais indesejáveis dos paulistas, e o aumento das atividades profissionais por meio do estabelecimento de regras era uma das formas de combatê-la na capitania paulista. Além disso, o próprio fruto dessas atividades era necessário para a criação e manutenção do espaço urbano, tal como pretendido pelo morgado. Como Flexor observa, o administrador "falava em [ocupações] 'desprezadas' e não 'desprezíveis'",[7] ou seja, ele reconhecia a baixa consideração que a população tinha pelas atividades mecânicas, mas não compartilhava dessa atribuição.

A segunda generalização de Prado Jr. diz respeito justamente à organização profissional dos oficiais mecânicos. O autor afirma que "Como é a regra universal da época, encontram-se as profissões organizadas em corporações", a partir do que faz um resumo sobre o funcionamento dessas instituições.[8] Tal declaração é, de fato, acertada para tratar da metrópole, onde os artífices agrupavam-se em torno das corporações e irmandades, que estabeleciam hierarquias profissionais e ditavam as regras do ingresso e do exercício das ocupações mecânicas. A "Casa dos Vinte e Quatro", de Lisboa, é o exemplar máximo disso, por sua longevidade e sua articulação com a administração pública.

Esse órgão – por assim dizer –, fundado em 1384, agrupava os ofícios mecânicos mais numerosos na cidade, ditando as regras de seu funcionamento e elegendo os representantes de cada ofício junto à Câmara lisboeta, os juízes de ofício.[9] Sua função era predominantemente política, servindo como possibilidade de promoção social para esse "grupo intermediário entre 'homens-bons' e serviçais".[10] Ao ser eleito juiz de ofício, o artífice devia deixar a prática de seu ofício e dedicar-se exclusivamente às funções representativas.

Na colônia, no entanto, a forma de organização das corporações de ofício não foi inteiramente replicada. Em cidades como Salvador e Rio de Janeiro, as irmandades religiosas absorveram parte dessa estrutura, agrupando os oficiais

---

7   FLEXOR, *op. cit.*, p. 176.
8   PRADO Jr., *op. cit.*, p. 221.
9   REIS, Lysie. "Os 'homens rudes e muito honrados dos mesteres'". *Revista da Faculdade de Letras*, Porto, série I, v. IV, p. 235-259, 2005.
10 *Ibidem*, p. 237.

sob seus padroeiros e proporcionando certas proteções, garantias e espaços de ascensão social. A historiadora Beatriz Catão Cruz Santos utiliza-se da construção do conceito de "cidadania" para analisar a posição social e as possibilidades de mobilidade vertical dos oficiais mecânicos no Rio de Janeiro oitocentista.[11] Ao tratar do funcionamento das irmandades pesquisadas, a autora busca aproximá-las da "Casa" lisboeta, descrevendo procedimentos e normas similares. Roberto Guedes pondera sobre os mesmos temas, ampliando o escopo espacial e temporal,[12] mas seguindo a mesma linha argumentativa, como se pode ver na passagem em que o autor compara o regimento dos sapateiros do Rio de Janeiro, de 1817, às normas para ingresso na mencionada instituição portuguesa.[13] Os dois artigos exemplificam as pesquisas recentes que tentam apreender esse grupo por meio da analogia com os oficiais mecânicos da metrópole. Essas tentativas, quando aprofundadas, invariavelmente apontam para o reconhecimento de que essa relação nem sempre é possível.

Comparando a atuação dos oficiais mecânicos em Salvador e em São Paulo – os dois casos estudados pela autora –, Flexor deixa claro que a forma de organização profissional existente em terras lusas, ainda que tenha sido a base para o agrupamento dos oficiais mecânicos na colônia, não foi transposta para o Brasil, de modo que é preciso atentar para os mecanismos específicos de arranjo e atuação desses trabalhadores nas diversas vilas e cidades. Grosso modo, podemos afirmar que existe um enfraquecimento gradual do alcance dessas características – tanto da metrópole para a colônia quanto das cidades com relações diretas com a metrópole para aquelas ditas mais afastadas –, de modo que as análises que partem dessa perspectiva são insuficientes para apreender a conformação do grupo de oficiais mecânicos, no qual se insere parte dos trabalhadores de obras públicas.

---

11 SANTOS, Beatriz Catão Cruz. "Irmandades, oficiais mecânicos e cidadania no Rio de Janeiro do século XVIII". *Varia História*, Belo Horizonte, v. 26, n. 43, jan./jun., p. 131-153, 2010.

12 GUEDES, Roberto. Ofícios mecânicos e mobilidade social: Rio de Janeiro e São Paulo (Séculos. XVII-XIX). *Topoi*, Rio de Janeiro, v. 7, n. 13, jul./dez., p. 379-423, 2006.

13 *Ibidem*, p. 397.

A autora reconhece que as tentativas de homogeneizar os oficiais mecânicos em um grupo único são por demais artificiosas ou mesmo equivocadas. Nem todos eram pobres, remediados ou excluídos como as descrições de viajantes dão a entender. "Tanto existiam artesãos de maiores, quanto de menores posses",[14] nas palavras de Flexor.

> Encontraram-se inventários e testamentos de oficiais mecânicos negros, e pardos forros que tinham posses, determinadas pela presença em seus bens não só de objetos de ouro e prata, como também objetos e roupas importados e, principalmente, dinheiro e dívidas que demonstram terem tido crédito na praça que, na época, determinava prestígio social. Seria um contrasenso [sic] colocá-los na "classe inferior", ou equipará-los aos escravos, quando tinham melhores condições que alguns de seus vizinhos, ditos de classe social mais alta, pelo fato destes serem brancos, livres e se dedicarem a uma outra atividade.[15]

Flexor cita uma série de denominações usadas como tentativas de classificar tal grupo de habitantes e inseri-los na hierarquia social: "proletários e operários, burgueses, classe média, 'povo miúdo, raia miúda', [...] gente de nível inferior".[16] Além de serem, boa parte, categorias anacrônicas, essas qualificações pressupõem uma generalização de certos atributos que não corresponde aos dados sobre essa população – é o caso da "faixa de renda", conforme mencionado anteriormente. De fato, mesmo os artesãos ligados à "Casa dos Vinte e Quatro" "não constituíram, nem no país, nem nas suas localidades, um grupo homogêneo que tinha os mesmos capitais".[17]

Se a articulação e o agrupamento desses habitantes são complexos, no que toca aos oficiais mecânicos, são ainda mais para os trabalhadores das obras públicas apresentadas. Isso é visível no confronto dos documentos originais em que as variações

---

14 FLEXOR, *op. cit.*, p. 177.
15 *Ibidem*, p. 178.
16 *Ibidem*, loc. cit.
17 REIS, *op. cit.*, p. 237.

na redação e na assinatura denotam a participação de habitantes de posses e *status* bastante variados, conforme apresentado no Capítulo 2, nas figuras 2.1 a 2.7.

O SIGNIFICADO DOS OFÍCIOS PARA OS TRABALHADORES

Para compreender o grupo de trabalhadores com mais precisão, é necessário entender dois aspectos: a própria realização de suas atividades profissionais – apresentadas no capítulo anterior – e as características dos habitantes envolvidos, a serem discutidas a partir, primeiramente, das informações contidas nos recenseamentos populacionais. As listas nominativas são fontes privilegiadas para esse propósito por possibilitarem que a análise tenha por base um confronto constante entre os indivíduos e o conjunto da população. Além disso, a capitania de São Paulo foi recenseada periodicamente no final do século XVIII, como nos informa Taunay. "Um dos primeiros cuidados do Morgado foi mandar recensear a sua capitania, certamente visando fins militares, precipuamente, como meio de informação segura para o recrutamento."[18]

Essa ordem valia para todas as vilas e a sede da capitania, que deveriam ser percorridas por agentes recenseadores, contando esses com o auxílio dos registros paroquiais e das informações populacionais dos cabos de cada freguesia ou bairro. Os párocos e os militares eram obrigados, por ordem real, a apresentar tais registros aos responsáveis pelo levantamento, que deveria ser repetido anualmente. Até mesmo as informações constantes do rol populacional eram padronizadas da forma como segue.

> Na lista geral do Distrito, onde se arrolariam tôdas as famílias, deviam figurar todos os filhos e filhas de cada casal, com a declaração das respectivas idades, assim como o número de escravos e escravas de cada casa.
>
> E cada particular devia fazer a resenha dos bens territoriais; declarar se "possuía sesmaria ou sítio, ou dois, em cujas terras costumava lavrar, anualmente. E, pouco mais ou menos, quantos alqueires de farinha, feijão, milho, arrôs e outros grãos assim como as produções costumava criar em cada

---

18 TAUNAY, *op. cit.*, p. 11.

ano e as qualidades deles como ainda as arrobas de algodão que costumava colher. [...]".[19]

Apesar do esforço em padronizar as listas nominativas, a fim de incrementar o controle populacional, a qualidade e a precisão dos registros variavam entre cada localidade e com o passar dos anos. Para a cidade de São Paulo, podemos observar que nem sempre foram contabilizados os cativos presentes em cada fogo. Também as fontes de renda e subsistência foram registradas em formatos distintos. Vale dizer que, em todas as listas consultadas, a anotação relativa à cor de pele é ocasional, sendo usada mais para marcar distinções do que para fins de contabilização. Para nosso estudo, transcrevemos e tabulamos quatro listas: os censos de 1776, 1794 e 1798 da cidade de São Paulo e o de 1786 do bairro de Santana.[20]

A primeira, que marca o início do período estudado, é um exemplo das listas em que não figuravam os escravos. São indicados homens e mulheres livres, seus filhos e agregados - para todos são descritas as idades e os laços familiares; para os que possuíam, há registro de patentes militares e ocupações. Além da área do Triângulo, essa lista contém os moradores dos bairros de Pinheiros, Pari, Emboaçava e Pacaembu.

O censo de 1794 já possui, além das informações supracitadas, o registro dos cativos, mas não faz menção à fonte de renda ou à ocupação dos habitantes da cidade. Apesar disso, esse rol é importante por cobrir ruas novas – cuja criação e ocupação resultaram da expansão da cidade – e também o bairro de Pirajussara,[21] além de ser relativo a um dos anos de maior ocorrência de obras públicas, como demonstramos no capítulo anterior. Essa lista e a anterior indicam a rua ou bairro

---

19 TAUNAY, *op. cit.*, p. 13.
20 Cf. "Apresentação", item "IV. Descrição e uso da documentação original e publicada", deste livro.
21 Destacamos, a título de exemplo: as ruas do extremo sul, que vão além do Pátio de São Gonçalo; a via que seria posteriormente denominada Rua de São José, paralela à Rua de São Bento, nas terras que descem em sentido ao Rio Anhangabaú; a área chamada apenas de Anhangabaú, que correspondia à várzea desse rio; e a própria ocupação da ponte de mesmo nome, que cruzava o rio e dava acesso à Cidade Nova.

em que moravam os habitantes, permitindo-nos identificar deslocamentos e analisar os dados censitários relacionando-os às questões espaciais, de ocupação, uso e crescimento da cidade.

Mais de três décadas após o estabelecimento da obrigatoriedade dos recenseamentos, observamos uma mudança importante nas informações colhidas. Trata-se da lista nominativa de 1798 que, conforme indicado no Capítulo 1, possui descrições singularmente extensas acerca da ocupação e das fontes de subsistência da população. Essa lista, no entanto, não possui indicação de localizações. A última lista consultada foi aquela referente ao bairro de Santana, datada de 1786, que contém parte dos trabalhadores citados nos documentos referentes às obras na ponte de mesmo nome.

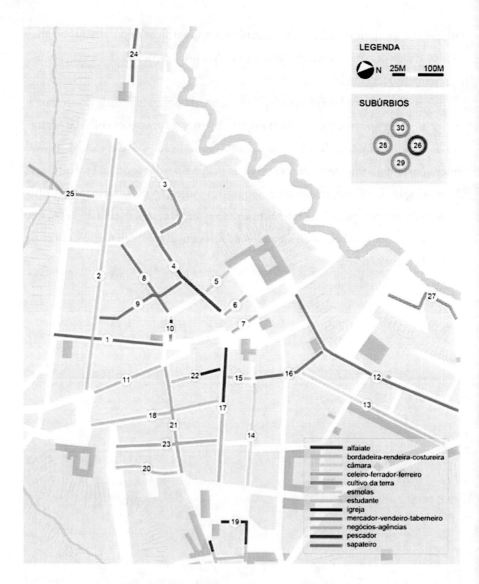

*Figura 3.1 – Mapa das ocupações distribuídas por
ruas ou bairros, censo de 1776*

Na Tabela 3.1, comparamos alguns dados relevantes das três listas da sede da capitania. Os valores totais não podem ser tomados em comparação, já que os censos abrangem áreas distintas, mas essas informações serão retomadas na continuação do capítulo, quando necessárias.

No final do século XVIII, a cidade de São Paulo possuía diferenças significativas no que toca a população e ocupação, nas diferentes áreas. Apontamos, no capítulo anterior, a preponderância das obras no eixo oeste – em parte, por conterem as saídas das principais estradas utilizadas pelos paulistas – e a diferença socioeconômica entre o grupo populacional que solicitava terras nessa porção da cidade e aquele que requeria chãos na parte sul. As listas nominativas acentuam ainda mais essa diferenciação espacial da população.

Tabela 3.1 – Dados gerais de população comparados, censo de 1776, 1794 e 1798[22]

ANO	HAB.	FOGOS	HOM.	MULH.	RAZ.	OCUP.	O/F	FILHOS	AGR.
1776	2.024	535	817	1.207	147,73	409	0,76	813	226
1794	5.815	796	2.514	3.301	131,30	-	-	1.196	761
1798	2.846	413	1.261	1.585	125,69	433	1,04	560	276

Fonte: MP-1776/1794/1798.

A partir da espacialização dos dados sobre fonte de renda do censo de 1776, sabemos que também os ofícios ou atividades desempenhados pela população tinham ruas com maiores concentrações.[23] A Figura 3.1 apresenta a localização das principais ocupações mencionadas na lista nominativa, registradas na Tabela 3.2 em números absolutos e proporcionais.

---

22 A coluna "RAZ." corresponde à razão de gênero, ou seja, à quantidade de mulheres para cada cem homens. Por "AGR." entenda-se agregados. Por sua vez, o indicador "O/F" diz respeito ao número de habitantes com ocupação declarada ("OCUP.") por fogos. Os demais dados são valores absolutos.

23 Em trabalho anterior, incluímos informações mais detalhadas e demais conclusões sobre a espacialização do censo de 1776. Ver: SANTOS, Amália dos. "Cartografia da população: São Paulo, 1776". In: IX CONGRESSO BRASILEIRO DE HISTÓRIA ECONÔMICA E 10ª CONFERÊNCIA INTERNACIONAL DE HISTÓRIA DE EMPRESAS, 2011, Curitiba. *Anais do IX Congresso Brasileiro de História Econômica e 10ª Conferência Internacional de História de Empresas*. Campinas: ABPHE, 2011,1 CD-ROM.

Tabela 3.2 – Ofícios predominantes, censo de 1776

OFÍCIO	HAB.	(%)
alfaiate	28	6,86
bordadeira – rendeira - costureira	21	5,15
celeiro - ferrador - ferreiro	18	4,41
cultivo da terra	42	10,29
Esmolas	22	5,39
estudante	19	4,66
Igreja	25	6,13
mercador – vendeiro - taberneiro	78	19,12
negócios-agências	20	4,90
pescador	15	3,68
sapateiro	22	5,39
TOTAL	310	100,00

Fonte: MP-1776.

A tendência de concentração espacial de certas ocupações – marcadamente os ofícios mecânicos – indica o valor emblemático da atividade profissional dentro da sociedade paulistana colonial. O censo de 1798 corrobora essa ideia ao demonstrar o caráter exclusivo dos ofícios para os habitantes, como veremos a seguir. As fontes de renda registradas nesse ano pela população dividem-se como segue na Tabela 3.3, com valores absolutos para cada ocorrência.

Tabela 3.3 – Total de registros de ocupação, censo de 1798

OCUPAÇÃO	CHEFES	OUTROS	TOTAL
advogado	1	-	1
agências	1	-	1
aluguéis	1	-	1
aluguéis / jornais	3	-	3
barbeiro – cabeleireiro - curativos	6	-	6
barbeiro-[...] / funcionário	1	-	1
barbeiro-[...] / jornais	1	-	1
caixeiro	1	6	7
carpinteiro-marceneiro	8	3	11
cobranças	9	-	9
cobranças / caixeiro	1	-	1
cômica	2	-	2
coronheiro	1	-	1
costuras	66	2	68
costuras / ensinar meninas	1	-	1
costuras / jornais	2	-	2
costuras / lavadeira	1	-	1
costuras / quitandas	10	1	11
costuras / quitandas / jornais	1	-	1
costuras / venda-produtos da terra	1	-	1
dízimos	1	-	1
ensinar meninas	1	-	1
escritas	1	-	1
ferreiro-ferrador	3	1	4
funcionário do poder público	16	-	16
ocupação relacionada à Igreja	20	2	22
jornais	15	-	15
lavadeira	4	-	4
operário	-	1	1
ourives	5	-	5
outros	3	-	3
pescador	1	-	1
professor	7	-	7
quitandas	12	1	13
quitandas / jornais	2	-	2
rematante	2	-	2
sapateiro-alfaiate	26	9	35
seleiro	2	2	4
soldo	30	10	40
soldo / barbeiro-[...]	1	-	1
soldo / jornais	2	-	2
soldo / outros	1	-	1
soldo / pescador	1	-	1
venda-botequim, botica	4	-	4
venda-engenho	1	-	1
venda-gado	1	-	1
venda-gado / dízimos	1	-	1
venda-gado, café	1	-	1
venda-louça da terra / quitandas	1	-	1
venda-madeiras	2	-	2
venda-produtos da terra	10	1	11
venda-produtos da terra e de fora	4	-	4
venda-redes	1	-	1
venda-telhas	1	-	1
venda-telhas / aluguéis / empréstimos	1	-	1
vidros	1	-	1
trânsito de bens ou recursos	4	92	96
subsistência/esmolas	1	60	61

Fonte: MP-1798.

Combinando os dados em tela referentes às ocupações[24] com a ocorrência de sobreposições, ou seja, ao acúmulo de mais de uma forma de renda, temos o diagrama da Figura 3.2, em que a dimensão do círculo corresponde à categorização do total de ocorrências registradas para cada ocupação (somando os casos isolados e os sobrepostos), enquanto o tracejado das linhas registra o número de ocorrências de determinada sobreposição de ocupações, vinculadas pela linha. Note-se que havia apenas dois casos de acúmulo de três ocupações por um mesmo habitante.

Retomando a ideia do valor emblemático, o diagrama aponta o ofício mecânico como identidade do habitante. Sapateiros, alfaiates, carpinteiros, ferreiros e outros desempenhavam unicamente as ocupações declaradas na lista. Essa observação sugere que o trabalho desses homens não era intermitente, e que a cidade possuía já nesse período uma configuração de campos profissionais.

Podemos ponderar que os registros dos censos – autodeclarados ou atribuídos pelo agente recenseador – não correspondiam rigorosamente à prática, mas não há sequer um caso de sobreposição de ofício mecânico e outra atividade econômica, de modo que entendemos essa possibilidade como, no máximo, ocasional. Além disso, ainda que possa ocorrer, o próprio fato de que tal arranjo não é registrado oficialmente já é, em si, significativo no que diz respeito à forma como os oficiais mecânicos se reconhecem e são vistos pelo restante da população em fins do período colonial na capitania paulista, após as investidas econômicas e sociais do morgado de Mateus, continuadas e ampliadas por seus sucessores, nas quais o trabalho manual cumpria um importante papel.

---

24 Para os fins dessa análise, excluímos as ocorrências de renda por plantio de subsistência, esmolas, auxílios e trânsito de mercadorias e valores. Desse modo, restringimo-nos aos dados relativos às atividades profissionais e econômicas que aconteciam dentro dos limites da cidade, ou seja, aquelas de ofícios mecânicos (sapateiros, carpinteiros, ferreiros etc.), profissionais letrados (advogados e professores), negociantes financeiros ou comerciantes em geral (empréstimos, cobranças ou vendas) e aqueles que empregavam seus escravos em trabalhos variados ou alugavam-nos.

Em Obras 169

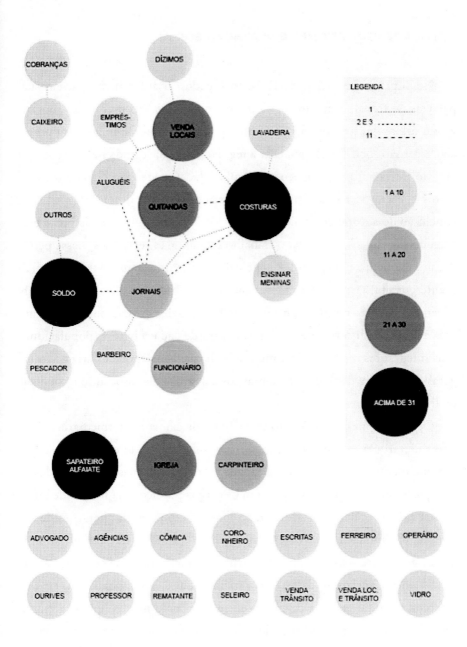

Figura 3.2 – Diagrama de ocupações, censo de 1798

Atividade profissional e distinção social

No supracitado artigo de Roberto Guedes, o autor investiga, em suas palavras, "o trabalho mecânico, no tempo, no espaço, sua percepção valorativa em diferentes grupos sociais e como pode contribuir, ou não, para propiciar ascensão social".[25] Ao analisar a regulamentação seguida pelos sapateiros no Rio de Janeiro no começo do século XIX, Guedes mostra como livres, forros e escravos tinham privilégios distintos dentro dessa categoria.[26] A conclusão do autor é que a hierarquia "de cor" sobrepor-se-ia à distinção pelo "defeito mecânico",[27] ou seja, o trabalho manual não seria mais, nesse período, um elemento denegridor – conclusão que consideramos apenas parcialmente correta, já que entendemos que não se trata da substituição de um sistema de valores por outro, mas da combinação dos dois. O que percebemos pela análise do dito regimento é que, dentro de cada subgrupo populacional, seus integrantes reproduzem a mesma hierarquia social que existia de forma geral – no caso, a distinção entre brancos e negros pela associação à condição de livres e escravos.

Os oficiais mecânicos localizavam-se numa camada intermediária dentro dessa hierarquia e, como visto, formavam um grupo heterogêneo, em que o pertencimento não garantia estabilidade. Para alguns, suas possibilidades de enriquecimento e a proximidade com os cargos públicos (na função de juízes de seu ofício) poderiam significar, ao longo da vida ou das gerações de sua família, a eliminação do "defeito mecânico", de modo que era importante estabelecer entre seus pares profissionais uma hierarquia que os colocasse em vantagem no horizonte da ascensão social – daí a busca por algum tipo de diferenciação, tal como a distinção entre brancos e negros. Por sua vez, os forros ou escravos recorriam à identificação profissional como forma de se-

---

25 GUEDES, *op. cit.*, p. 412.
26 *Ibidem*, p. 397-398.
27 A expressão "defeito mecânico" era usual, no período colonial, para referir-se àquele que executava trabalho braçal, denotando aspecto negativo.

parar-se dos cativos sem ofício. Em suma, qualquer diferenciação era proveitosa para esses habitantes, já que existiam alguns caminhos possíveis de ascensão que poderiam ser trilhados, desde que o trabalhador reunisse as características adequadas.

Podemos dizer que a historiografia tradicional[28] escolheu uma descrição específica desses trabalhadores e perpetuou-a, sem evitar sua generalização para todo o período colonial – e até mesmo para momentos posteriores. Os oficiais mecânicos seriam rudes e pouco habilidosos, com raras exceções, que serviriam apenas para confirmar a regra. Como exemplo disso, tomemos, mais uma vez, o retrato do mestre pedreiro Joaquim Pinto de Oliveira Thebas. Carlos Lemos descreve o mestre Thebas a partir das ditas peculiaridades de sua trajetória profissional, desde os ensinamentos do ofício de pedreiro – quando era escravo de Bento de Oliveira Lima, na vila de Santos –, até sua consagração como juiz de ofício – o único negro dentre eles.[29] A própria análise de Lemos é prejudicada pela falta de evidências gerais acerca das atividades de obras, que permitiriam aferir de forma mais qualificada a extensão de sua excepcionalidade.

---

28 Incluímos nessa denominação Gilberto Freyre, Sergio Buarque de Holanda, Caio Prado Jr., Affonso de E. Taunay, entre outros, sem ignorar os pesquisadores contemporâneos que os tomaram como fontes, sem as devidas ponderações. Cf. "Apresentação", item "I. A cidade de São Paulo e os trabalhadores: questão inicial", deste livro.

29 LEMOS, Carlos Alberto Cerqueira. "Thebas". In: ARAÚJO, Emanoel (org.). *A mão afro-brasileira*: Significado da contribuição artística e histórica. São Paulo: Imprensa Oficial do Estado de São Paulo; Museu Afro Brasil, 2010, p. 103-109.

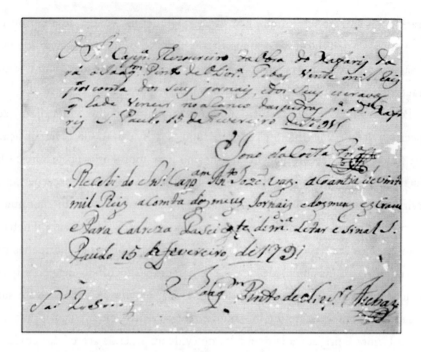

Figura 3.3 – Recibo assinado pelo mestre Thebas, referente a seus serviços e de seus escravos, em 1791

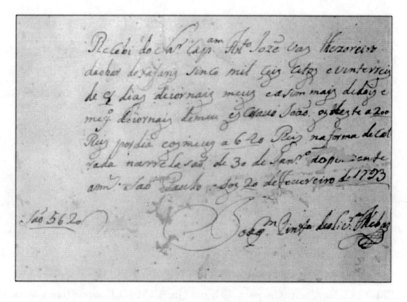

Figura 3.4 – Outro recibo de pagamento dos trabalhos do mestre Thebas e de seu escravo João

A transmissão do ofício de senhor para escravo ou a participação em obras diversas, por exemplo, não eram expedientes incomuns no período. O próprio Thebas levou, para os canteiros das obras na Cadeia e no Chafariz, escravos e oficiais que trabalhavam sob suas ordens. Em um dos recibos, fica claro que o mestre pedreiro contou com o auxílio de escravos, que realizaram a desgastante tarefa de extrair pedras, material bruto para seu trabalho. No documento visto na Figura 3.3, datado de 15 de fevereiro de 1791, lê-se que, além dos jornais do mestre, deveriam ser pagos seus escravos que seriam empregados "no aRanco das pedras".[30]

Mas nem todos os seus cativos executavam apenas esse tipo de função, como podemos apreender da leitura de um bilhete da mesma obra, assinado dois anos depois, em 20 de fevereiro de 1793, reproduzido na Figura 3.4. Nesse documento, Thebas atesta o recebimento de valor referente tanto à sua remuneração quanto à de seu escravo João – consta que os jornais eram de $640 e $200, respectivamente. Conforme as informações apresentadas no Capítulo 2, referentes a variadas obras, sabemos que o valor pago a esse escravo é superior às menores remunerações, oferecidas para serviços específicos de carregamento ou para os serventes (trabalhadores de menor remuneração entre os oficiais mecânicos, que recebiam entre $75 e $100). Ou seja, tratava-se de um escravo que possuía algum tipo de treinamento, de modo que seu jornal pode ser comparado ao de um oficial, ainda que ele não seja assim identificado nos registros camarários.

A TRANSMISSÃO DOS SABERES MECÂNICOS

A trajetória do mestre Thebas e a sua relação com seus cativos apontam uma das principais formas de transmissão dos conhecimentos construtivos na São Paulo colonial, que se pautava pelo beneficiamento do senhor por meio das atividades remuneradas de seus escravos e pela facilidade gerada pela reunião de escravos e senhores no mesmo espaço doméstico.[31] No entanto, os escravos não

---

30 FCMSP-42.
31 Ver: FERNANDES, Florestan. *O negro no mundo dos brancos*. São Paulo: Difusão Europeia do Livro, 1972.

eram os únicos elementos da cadeia de transmissão dos ofícios e saberes construtivos nesse período.

Um dos componentes do domicílio que poderia ser beneficiado com essa prática era o agregado. A agregação era um arranjo entre coabitantes, cuja motivação era variada.[32] Em obra de demografia história, Eni de Mesquita Samara explora, entre outros temas, a figura do agregado, cuja presença era constante nas listas nominativas de finais do século XVIII e início do século XIX, que são as fontes primordiais de seu trabalho. Entre as principais formas de agregação estão parentesco, mão de obra, proteção, doença e orfandade, de modo que não é possível generalizar as considerações sobre esse tipo de habitante. A análise do contexto econômico feita pela autora parte da ideia de que coexistiam os sistemas econômico-sociais de subsistência e de mercado.[33] Algumas evidências exemplificam a complexidade dessa condição, os agregados que sustentavam a família com que moravam, e a existência de agregados doentes e incapacitados que não apenas não podiam trabalhar como acarretavam mais despesas.[34]

Portanto, a presença do agregado não trazia uma definição específica do tipo de relação que esse tinha com o chefe do fogo, que podia variar de um quase escravo a um quase familiar. Nem sempre é possível identificar o trabalho como o laço que resulta em tal configuração, mas a lista nominativa de 1776 contém um caso exemplar da agregação dentro da dinâmica de realização das obras públicas: próximos à Igreja da Misericórdia, moravam os ferreiros Jacinto Correa dos Santos e Manoel Caetano.[35] O primeiro era chefe do fogo em que o segundo constava como agregado.

Nos censos consultados, encontramos moradores de um mesmo fogo sem vínculo declarado – familiar, de posse ou de agregação –, o que leva a crer que

---

32 SAMARA, Eni de Mesquita. *Lavoura canavieira, trabalho livre e cotidiano*. São Paulo: Editora da Universidade de São Paulo, 2005.
33 *Ibidem*, p. 161.
34 *Ibidem*, p. 168, 170.
35 MP-1776.

a declaração de "agregado" implicava algum arranjo específico, que ia além da simples coabitação. Para Jacinto e Manoel, podemos concluir que foi o ofício que resultou nessa circunstância, fosse porque aquele ensinava a esse ou porque estavam realizando conjuntamente algum trabalho. O chefe do fogo atuou nas obras da Cadeia, da Câmara e da Ponte de Pinheiros entre 1789 e 1799, como visto no capítulo anterior, sendo referenciado em todos os documentos apenas como "ferreiro", ou seja, sem nunca ter se tornado mestre, pelo menos até o ano final de sua participação. Em 1794 e 1798, já casado e com filhos, ele possui um e dois escravos, respectivamente, do que se pode concluir que não era homem de muitas posses – a falta do título de mestre refletia-se em suas rendas.[36] Em 1791 e 1792, Manoel Caetano trabalhou também nas obras da Cadeia, recebendo vários pagamentos de serviços e produtos diversos. Em um dos registros do supervisor da obra, ele é citado como mestre, mas não aparece em nenhuma obra posterior.

Além de cativos e agregados, a estrutura familiar também era uma possibilidade de transmissão do ofício, principalmente nos subúrbios da cidade. Essa observação é relativa não apenas às técnicas construtivas, mas às ocupações de modo geral. A pesca ou o cultivo da terra faziam parte do modo de vida geral da população, mas eram fontes de renda predominantes nas áreas afastadas, como Pari e Pinheiros, como apresentamos na Figura 3.1. Essas atividades contavam expressivamente com a participação dos filhos, o que justifica a distribuição apontada na Figura 3.5, segundo a qual, em 1776, havia uma tendência de permanência dos filhos no domicílio de seus pais nas ruas e, principalmente, nos bairros mais distantes. Nos trechos ou bairros marcados com a cor verde, 60% ou mais dos fogos eram habitados por filhos e ao menos um de seus pais.

---

36 MP-1794/1798.

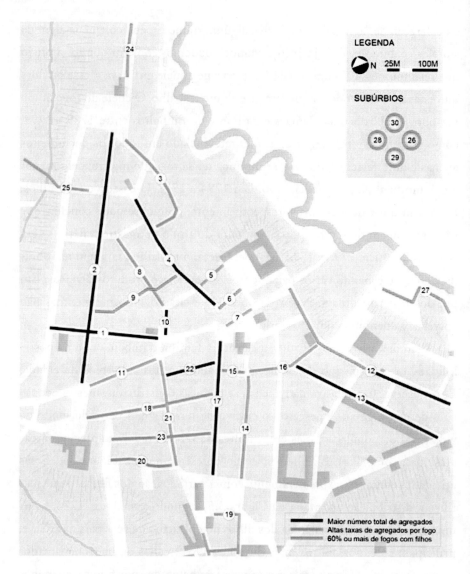

*Figura 3.5 – Mapa com os trechos de maior ocorrência
de filhos e agregados por fogo, censo de 1776*

Destaca-se ainda a oposição praticamente total entre fogos com grande presença de filhos e aqueles em que moravam agregados,[37] tanto nos valores absolu-

---

37 Apenas no Trecho 12, rua que ia do Convento do Carmo para a Tabatinguera, esses dois elementos aparecem de forma igualmente expressiva. MP-1776.

tos totais quanto nas altas taxas porcentuais de agregados por domicílio, respectivamente indicadas pelas cores vermelho e laranja. São poucas as áreas em que não havia nenhum dos dois elementos. A presença de agregados ou filhos era portanto um indicador das possibilidades de obtenção de renda ou das contingências a que o domicílio estava submetido.

No que diz respeito especificamente ao trabalho em obras, a transmissão dos ofícios aos filhos podia ser uma das únicas formas de fazê-lo em áreas afastadas, como vemos na execução do aterrado da Ponte de Santana, em1789, em que Joze Ramos Coelho e Joze da Silva trabalharam junto a seus filhos. O primeiro, conforme dados do censo de 1786, era pardo e teria por volta de 50 anos. Seus filhos Bento e Domingos, com 19 e 13 anos, acompanharam-no aos serviços em uma das semanas do mês de setembro. Em outras duas semanas do mesmo mês, foi a vez do segundo, que contava perto de 65 anos e era branco. João e Joaquim, de 27 e 20 anos, não apenas estiveram presentes nessas duas semanas, como trabalharam sem o pai em mais duas. De forma semelhante, Joze e Justo Roiz estiveram em quatro das seis semanas de obras. Os irmãos, contando 17 e 31 anos, eram filhos de Ignacio Roiz da Cunha, preto de 50 anos, que não consta entre os trabalhadores do aterrado.[38]

Na Tabela 3.1 apontamos que o número de habitantes com ocupação declarada por fogo, nas listas de 1776 e 1798, era respectivamente 0,76 e 1,04. Podemos dizer, especialmente para o segundo valor, que havia portanto uma pessoa por morada responsável pela obtenção da renda ou pela coordenação das atividades de subsistência. Contudo, as atividades econômicas – incluindo destacadamente alguns dos saberes da prática construtiva – encontravam no interior do domicílio um espaço social de reprodução e continuidade, do qual podiam participar praticamente todos os seus membros – ainda que a atuação das mulheres fosse limitada.[39]

No caso de engenheiros-militares, para os quais havia cursos e obrigatoriedades determinados pela Coroa, é possível examinar o aprendizado profissional a

---

38 MP-1786.
39 Cf. "Capítulo 3", item "3.5 O papel central e limitado das mulheres", deste livro.

partir de documentos e fontes mais objetivas, a saber, manuais e legislações específicas, como nos mostra a pesquisa de Beatriz Piccolotto Siqueira Bueno.[40] A mesma autora, no entanto, reconhece as limitações dessa forma de análise para os mestres de ofício, peça-chave na relação entre o poder público e as atividades no canteiro de obras.[41] Ao tentar aproximar os mestres dos engenheiros-militares – no que diz respeito à formação profissional –, a historiadora atenta para o peso dos costumes e das formas de transmissão do ofício por meio da prática. A busca por indícios sobre a instrução formal dos mestres de ofício resulta, em seu trabalho, em mais indagações do que respostas.

Escolas, cursos e organizações profissionais – tais como as corporações de ofícios – eram instituições pouco presentes na colônia. Na cidade de São Paulo, havia aulas de filosofia, física, medicina e outras ciências, destinadas à formação da elite local. A primeira faculdade paulistana, a Academia de Direito do Largo de São Francisco, só seria fundada em 1827, já no período imperial. Não podemos chamar os cursos oferecidos de "públicos", já que nem todos os habitantes poderiam ingressar neles, fosse por limitações financeiras ou por restrições com relação à condição social. Eram, no entanto, espaços formais e coletivos de aprendizagem. As demais ocupações, das quais dependia em grande medida o cotidiano da cidade, não tinham tais espaços para serem transmitidas, de modo que cabia à vida privada garantir a continuidade dessas atividades – mesmo que a atuação profissional fosse regulamentada pela Câmara.

O PAPEL CENTRAL E LIMITADO DAS MULHERES

Tomando o espaço doméstico como referência indispensável à transmissão de saberes – entre os quais as técnicas construtivas –, é imprescindível revisar o papel

---

40 BUENO, Beatriz Piccolotto Siqueira. *Desenho e desígnio: O Brasil dos engenheiros militares (1500-1822)*. São Paulo: Editora da Universidade de São Paulo, 2011.

41 *Ibidem* "Sistema de produção da arquitetura na cidade colonial brasileira – Mestres de ofício, 'riscos' e 'traças'". *Anais do Museu Paulista*. São Paulo, v.20, n.1, p. 321-361, jan./jun., 2012.

das mulheres dentro das atividades profissionais como um todo, e das obras públicas especificamente. Do censo de 1776, extraímos algumas observações sobre tal questão, trazendo à luz a presença feminina na cidade. Os trechos com expressiva ocorrência de mulheres como chefes de fogo não são poucos: dos trinta, doze têm 50% ou mais de mulheres no comando das casas. Elas eram solteiras, viúvas ou casadas apartadas de seus maridos.[42] As viúvas e casadas, ainda que em posição de autoridade dentro do fogo, viviam situações muito distintas das solteiras. Enquanto aquelas comandavam uma estrutura que – pode-se dizer – havia sido constituída sob a distribuição de funções de uma família "tradicional", as últimas eram responsáveis pela formação e manutenção da casa.

Tabela 3.4 – Mulheres como chefes de fogo, censo de 1776

TRECHO	CHEFES M	CHEFES H	VIUVAS	CASADAS	V e C (%)	SOLTEIRAS	S (%)
2	25	23	8	5	52,00	12	48,00
5	3	2	2	0	66,67	1	33,33
10	18	16	13	1	77,78	4	22,22
11	10	9	5	2	70,00	3	30,00
13	18	6	2	3	27,78	13	72,22
15	8	3	6	0	75,00	2	25,00
18	3	3	0	1	33,33	2	66,67
19	11	11	4	2	54,55	5	45,45
20	4	4	2	0	50,00	2	50,00
21	6	4	3	2	83,33	1	16,67
22	6	6	6	0	100,00	0	0,00
27	2	1	2	0	100,00	0	0,00

Fonte: MP-1776.

Destacamos os trechos 2, 13, 18, 19 e 20, em que o número de solteiras é superior a 45%, conforme consta na Tabela 3.4. Na Figura 3.6, é possível observar a localização dos dois tipos de ocorrências. Aos trechos com predomínio de mulheres solteiras na posição de chefes de fogo, correspondem exatamente os mesmos trechos com preponderância de costureiras, bordadeiras e rendeiras.[43] É notável ainda

---

42 Há uma exceção: apenas Rosa Maria, 50 anos, era chefe de fogo com marido presente. MP-1776.

43 De acordo com relatos de viajantes estrangeiros, estima-se que parte das mulheres denominadas costureiras fizessem uso dessa categoria para encobrir outras atividades, tais como prostituição. Não há dados quantitativos capazes de esclarecer essa questão.

que, nos locais listados na tabela acima, a maioria dos homens não tinha ofício discriminado ou apresentava ofícios variados, sem predominância de um ou outro. As mulheres eram, portanto, o elemento mais expressivo dessas áreas.

O trecho 11 tinha constituição peculiar. Eram dez mulheres contra nove homens na posição de chefe de fogo, sendo que sete eram pardas. Uma delas morava com a mãe, descrita como preta; quatro eram forras ou libertas; e três viviam à custa "de suas agências". A proximidade era um fator decisivo para essas mulheres, que possuíam menos possibilidades de garantir sua sobrevivência do que os homens da cidade – e, podemos dizer, da colônia. A historiadora Maria Odila Leite da Silva Dias, na obra *Quotidiano e poder em São Paulo no século XIX*, ressalta esse atributo da vida privada das mulheres pobres da cidade, para as quais "A organização do seu ganha-pão dependia de laços muito fortes de solidariedade e de vizinhança, que se improvisavam e modificavam continuamente".[44] O trabalho trata do século XIX, mas acreditamos que suas premissas podem ser debatidas dentro do escopo de nosso estudo.

Ainda que fossem as cabeças de seus domicílios com certa frequência, as mulheres possuíam um número muito reduzido de opções dentro das atividades econômicas do período colonial. Em São Paulo, não era diferente – apenas um pequeno número de ocupações e fontes de renda eram acessíveis ao gênero feminino. Dessa forma, se não fosse esposa, a mulher paulistana via sua sobrevivência severamente ameaçada. No trabalho supracitado, Dias retrata as mulheres pobres e autônomas – portanto, responsáveis pelo sustento de suas moradias – como personagens à margem do sistema econômico da cidade. Em sua análise, elas estariam no "exílio do que havia de socialmente valorizado na economia paulista de sua época",[45] do que resultaria o caráter provisório de seu modo de vida.

Essa afirmação, no entanto, associa dois aspectos que entendemos serem distintos: o julgamento social a que estavam sujeitas essas mulheres e as limitadas possibilidades econômicas disponíveis a elas. Em documentos camarários e relatos de visitantes europeus, são frequentes as indicações de que as mulheres solteiras valiam-se da

---

44 DIAS, Maria Odila Leite da Silva. *Quotidiano e poder em São Paulo no século XIX – Ana Gertrudes de Jesus*. São Paulo: Editora Brasiliense, 1984, p. 9.

45 *Ibidem*, loc. cit.

prostituição como meio de sustento, o que associava todo esse grupo populacional à vida promíscua e moralmente condenável. A proibição ao uso da baeta – manta opaca e pesada que permitia à sua usuária esconder a identidade enquanto transitava no meio da noite pelas ruas da cidade – visava justamente ao combate dessa prática.

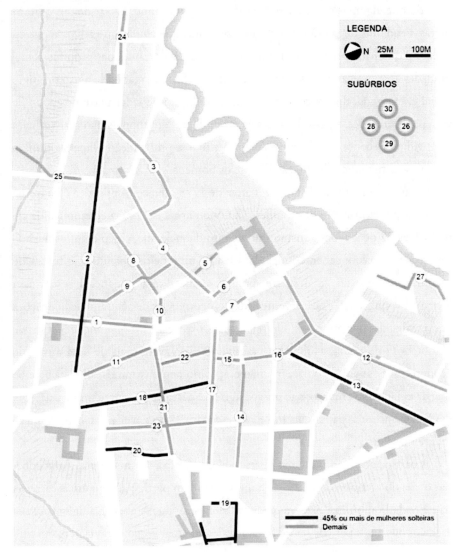

Figura 3.6 – Mapa com a localização das ruas com maior concentração de mulheres como chefes de fogo, censo de 1776

Ainda que pesassem as críticas ao comportamento dessas mulheres, vemos que sua posição no espectro do trabalho, embora limitada, não poderia ser substituída pelos homens. A própria historiadora analisa as mulheres da São Paulo oitocentista tomando como pano de fundo algumas das atividades a elas relegadas – sendo que algumas eram específicas do gênero feminino. São padeiras, quitandeiras, vendeiras de produtos agrícolas, senhoras que alugavam cativos e outras, cujas vidas constam nos capítulos da obra. Trata-se, portanto, das próprias possibilidades econômicas exclusivamente femininas. São atividades de baixo prestígio social e, em geral, de pouco ganho, mas não deixam de fazer parte do modo de vida paulistano nesse período. Ou seja, as mulheres autônomas não eram alheias às atividades econômicas, nem estavam restritas à prostituição – apenas tinham menos possibilidades de atuação do que os homens.

Os apontamentos da lista nominativa de 1798 oferecem suporte a essa forma de avaliação da inserção das mulheres autônomas na dinâmica econômica da cidade. Das 32 ocupações constantes no censo daquele ano, cinco eram exclusivamente femininas: a saber, cômica, lavadeira, quitandeira, costureira e tutora de meninas. Além delas, as mulheres podiam dedicar-se ao aluguel de escravos a jornal e à venda local. Praticamente todas as ocorrências de acúmulo de ocupações eram realizadas por mulheres. Ou seja, em decorrência das possibilidades restritas de obtenção de renda, as mulheres autônomas somavam mais de uma atividade econômica. Essa situação precária não era, como demonstramos, alheia à economia da cidade. No entanto, não era socialmente desejável que uma mulher desempenhasse qualquer papel que fosse nesse cenário, que deveria ser hegemonicamente masculino.

A participação feminina nas obras públicas segue a mesma lógica. Ainda que, nas obras do aterrado da Ponte de Santana, tenham participado algumas escravas da fazenda homônima, a regra geral era que as mulheres apenas alugassem seus escravos ou carros para os serviços, não podendo atuar como pedreiras, marceneiras, ferreiras e afins. São citados, em obras diversas, os nomes de Anna Maria, D. Anna Joaquina, Catherina Correa, Francisca de Paula e as "senhoras Brito". Por serem nomes bastante comuns, não é possível identificá-las com precisão nas listas nominativas, já que vários fogos apresentam as características potencialmente correspondentes, ou seja, havia um número considerável de mulheres, chefes de seus domicílios, que moravam com agregadas, mães, filhas, filhos ou irmãs, e que se valiam de seus escravos como meio de sustento. Em alguns casos, essas mulheres herdavam ou acumulavam um plantel razoável, de uma ou duas dezenas de cativos; em outros, não havia mais do que dois ou três escravos.

Vale exemplificar os fogos em que essas mulheres poderiam estar. Em fevereiro e março de 1790, o sargento-mor Antonio da Cunha Lobo pagou a D. Anna Joaquina $300 e $550, respectivamente, referentes aos jornais de seu escravo Mateus. Os recenseadores utilizaram-se do tratamento "Dona" para distinguir, nas listas nominativas, as mulheres de famílias consideradas respeitáveis. Essa indicação podia ser feita tanto às mulheres casadas e viúvas quanto às solteiras. Para a dita Anna Joaquina, contudo, era pouco provável que fosse casada já que, assim sendo, o escravo seria relacionado a seu marido. Essas indicações nos levam a crer que, no censo de 1794, uma possível correspondência é D. Anna Joaquina de Andrade, viúva de 36 anos, que morava com as filhas Maria e Anna, na Rua do Rosário, e era senhora de um escravo de nome Mateus, além de outros 16 cativos.[46] Em 1798, a mesma encontra-se casada com o capitão de milícias João Lopes França, e continua morando com suas filhas e boa parte dos escravos que possuía quatro anos antes.[47]

Já as senhoras Brito, que conduziram dois escravos às obras da Cadeia em 1790, poderiam ser Anna, Antonia e Maria, irmãs de Vicente Luis Brito, que com ele moravam em 1776.[48] Em 1794, uma Anna Maria de Brito residia próxima ao Convento do Carmo, com dois escravos e Antonia Maria da Conceição, casada e com três filhos, mas sem referência ao marido.[49] Pela diferença de idade, Antonia poderia ser sobrinha de Anna, mas não sua irmã. Ainda que não possa ser comprovada a relação entre as mulheres citadas na documentação daqueles serviços e as moradoras desse pequeno fogo, podemos ver o tipo de arranjo domiciliar do qual podiam partir alguns dos trabalhadores das obras públicas.

---

46   MP-1794.
47   MP-1798.
48   MP-1776.
49   MP-1794.

Ao tratar da vida familiar dentro do espaço privado – de domínio marcadamente feminino –, Leila Mezan Algranti[50] não se furta à complementação do conceito de "família patriarcal"[51] ao descrever os diversos arranjos existentes dentro dos fogos coloniais. Na leitura das listas nominativas do período estudado, comprovamos que a composição dos domicílios em São Paulo distancia-se não apenas do modelo dos engenhos açucareiros, mas também da ideia de família "tradicional", composta por pai, mãe e filhos. Além da inserção variada de agregados e moradores "na mesma casa" – nos dizeres dos recenseadores –, incluímos, a seguir, as palavras de Algranti sobre os estudos do cotidiano colonial.

> O domicílio, portanto, se sobrepõe à família numa análise desse tipo, na medida em que as famílias, além de se constituírem a partir de diferentes tipos de uniões [...], encontravam-se muito frequentemente dispersas por longos períodos – característica de certa forma imposta pela própria colonização. Ora era o pai que se ausentava a serviço da Coroa ou em virtude de suas atividades, ora era a filha que se casava fora do local de seu domicílio, ou o filho que partia numa expedição ao sertão. Isso sem contar esposas e maridos que abandonavam a família para viver com outros companheiros, além, é claro, das repetidas interrupções dos laços familiares causados por mortes prematuras.[52]

---

50 ALGRANTI, Leila Mezan. "Famílias e vida doméstica". In: NOVAIS, Fernando A. (org.); SOUZA, Laura de Mello e (org.). *História da vida privada no Brasil: Cotidiano e vida privada na América portuguesa*. São Paulo: Companhia das Letras, 1997, v. 1, p. 83-154.

51 Desenvolvido por Gilberto Freyre, o conceito de "família patriarcal" refere-se preponderantemente aos moradores dos engenhos de cana-de-açúcar do nordeste colonial, em que residiam, sob o domínio do senhor do engenho, sua família biológica imediata e distante, seus escravos e seus agregados, tais como padres, médicos e outros, que exercem suas funções dentro dos limites da propriedade. Para Freyre, o germe da sociedade brasileira estava nessa composição familiar, de modo que a ocupação das cidades teria sido apenas a explosão das funções e dos componentes do engenho para o território urbano. Ver: FREYRE, Gilberto. *Casa-grande & senzala: Formação da família brasileira sob o regime da economia patriarcal*. São Paulo: Global, 2006.

52 ALGRANTI, *op. cit.*, p. 86.

Diferenciando as casas dos habitantes mais pobres daquelas dos mais ricos, a autora menciona, entre os cômodos existentes, a presença de oficinas, lojas e escritórios. A oficina é o espaço da habitação mais simples em que seus moradores produziam os bens de que dependia sua vida cotidiana.[53] Essas atividades eram necessárias por conta das contingências a que estava submetida a maioria da população na colônia, já que não havia indústrias ou manufaturas que suprissem a demanda por utensílios domésticos e roupas – as famílias remediadas, nos termos da autora, conseguiam importar alguns desses itens. As lojas e escritórios, por sua vez, eram cômodos típicos das moradas de famílias de melhores condições.[54] Não cabe aqui aprofundar as descrições sobre esses espaços e sua utilização, mas sim ressaltar que, ainda que houvesse alguma separação com relação ao resto da casa, não eram construções independentes.

Na São Paulo setecentista, o máximo de especialização verificada estava nas Casinhas e nos espaços de feira, onde a população vendia os produtos da terra.[55] É apenas no século XIX que as edificações passarão a ter uma separação mais acentuada entre a vida privada e o espaço profissional ou comercial,[56] como se pode atestar pelas lojas, docerias e outros estabelecimentos, fotografados por Militão Augusto de Azevedo.[57]

---

53 *Ibidem*, p. 99.

54 *Ibidem*, p. 101.

55 Segundo Saint-Hilaire, na Rua das Casinhas, eram negociados os "comestíveis indispensáveis, tais como farinha, toucinho, arroz, milho, carne sêca", trazidos pela "gente do campo" para ser vendida aos comerciantes que os revendiam aos consumidores. Essa rua, lugar central da cidade, era movimentada durante o dia – pelo "acúmulo de negros, de roceiros, de muares, de arrieiros" – e durante a noite – por conta das "prostitutas de baixa classe, atraídas pelos camaradas e pelos roceiros"). SAINT-HILAIRE, Auguste de. *Viagem à província de São Paulo*. São Paulo: Livraria Martins Fontes; Editora da Universidade de São Paulo, 1972, p. 163.

56 Destacamos aqui os armazéns e as casas comerciais que se configurariam como um tipo regular na cidade ao longo do século XIX. Ver: OLIVEIRA, Maria Luiza Ferreira de. *Entre a casa e o armazém: Relações sociais e experiência da urbanização – São Paulo: 1850-1900*. São Paulo: Alameda, 2005, cap. IV, item "Os armazéns", p. 270-286.

57 Citamos como exemplo uma foto de 1962/63, que retrata a Rua da Quitanda, onde havia

Espaços públicos, espaços privados e a presença dos oficiais mecânicos

Além das denominações profissionais constantes nos documentos de obras, os oficiais mecânicos estavam presentes e identificados nas listas nominativas de 1776 e 1798, como se vê na Tabela 3.5, que apresenta os carpinteiros, ferreiros, pintores e o taipeiro assim declarados, além de seus registros no censo de 1794 e nas obras estudadas, quando constam.[58]

A Figura 3.7 mostra a localização desses profissionais por rua ou bairro, de acordo com o censo de 1776 (números 1 a 4, 6, 8 a 11, 13, 14, 16, 17, 18 e 20 a 35). Os trinta habitantes distribuíam-se em 13 ruas ou bairros, nas ocorrências indicadas na Tabela 3.6, em que constam ainda, assinalados em cinza, os trechos com maior número de profissionais.

---

a Confeitaria do Leão, edifício de uso estritamente comercial. LAGO, Pedro Corrêa do. *Militão Augusto de Azevedo: São Paulo nos anos 1860*. Rio de Janeiro: Contra Capa Livraria; Editora Capivara, 2001, p. 70.

58 Os números das colunas referentes aos censos indicam o número do fogo do referido oficial mecânico. MP-1776/1794/1798.

Tabela 3.5 – Habitantes com ofícios declarados, censos de 1776, 1794 e 1798

Nº	CARPINTEIROS	1776	1794	1798	OBRAS
1	Ambrozio Luiz	242	-	-	-
2	Antonio da Silva Lopes	483	376	-	-
3	Bento Alvares	506	-	-	-
-	Bento Xavier	-	-	21	-
4	Felipe Neri (pardo)	148	-	-	-
5	Floriano Roiz	-	197	172	-
6	Gregorio da Silva (pardo)	146	607	-	-
7	João de Oliveira	-	728	269	-
8	João Pereira de Magalhaens	359	500	-	-
9	Joaquim Pires (pardo)	459	354	-	Cadeia
10	Joaquim Roiz de Oliveira	41	-	-	Praça do Curro
11	Joaquim Xavier	227	479	-	-
12	Joze (fº de Anna Mª da Comceição)	-	177	201	-
13	Joze da Silva	108	156	224	Ponte de Pinheiros
14	Joze de Matos	263	-	-	-
-	Joze Francisco	-	-	171	-
15	Manoel da Cunha	-	106	188	Cadeia; Praça do Curro
16	Manoel da Silva Roza	304	-	-	-
-	Manoel Joze	-	-	304	Cadeia
17	Marcelo Pires (pardo)	459	-	-	-

Nº	FERREIROS	1776	1794	1798	OBRAS
18	Antonio Luiz Marques (pardo)	48	-	-	-
-	Bento Joze	-	-	314	-
19	Fº Manoel do Rozario (forro)	-	475	323	Ponte do Anhangabaú
20	Jacinto Correa dos Santos (pardo)	243	620	140	Cadeia; Câmara; P. de Pinheiros
21	João Roiz	457	349	-	-
22	Joze da Silva	442	369	-	Cadeia; Praça do Curro
23	Lazaro Roiz Piques	83	-	-	-
24	Lourenço dos Santos	83	114	-	-
25	Manoel Caetano	369	-	-	-
26	Manoel Caetano (pardo)	243	-	-	Cadeia
27	Salvador Roiz	232	-	-	-
28	Sebastião Francisco Pereira	449	-	-	-

Nº	PINTORES	1776	1794	1798	OBRAS
29	Francisco Duarte do Rego	74	-	-	-
30	Pedro dos Santos (pardo)	109	-	-	-
31	Joze Duarte do Rego	156	-	-	-
32	Joze Francisco Solano	266	-	-	-
33	João Pereira da Silva	296	-	-	-
34	Joze Alvares Vianna	322	-	-	-

Nº	TAIPEIRO	1776	1794	1798	OBRAS
35	Joze (forro)	438	-	-	-

Fonte: MP-1776/1794/1798, FCMSP-41/42.

Em média, eram 2,3 trabalhadores por trecho, sendo que a moda é 2, com 6 ocorrências.[59] Ou seja, para quase metade dos trechos em que esses homens moravam, havia dois deles, o que sinaliza a tendência de concentração espacial desse grupo. O Trecho

---

59 A moda corresponde ao valor de maior ocorrência entre os valores em tela para determinada variável – nesse caso, estamos analisando o número de trabalhadores por trecho. Para os 13 trechos, o número de trabalhadores varia entre 1 e 5, sendo que o valor que aparece mais vezes é 2, com seis ocorrências. MP-1776.

10, correspondente à rua que ia da Rua da Quitanda para o antigo prédio da Cadeia, era a localização de dois carpinteiros e três ferreiros, sendo o trecho com maior número desses profissionais. Essa e as demais ruas onde os trabalhadores concentravam-se eram algumas das ruas mais populosas da cidade e com maiores taxas de habitantes com ofício declarado, de modo que sua distribuição apenas segue o padrão geral.

Tabela 3.6 – Ocorrência de profissionais por trecho da cidade, censo de 1776

TRECHO	CARPINTEIROS	FERREIROS	PINTORES	TAIPEIRO	TOTAL
1	1	1	-	-	2
2	-	2	1	-	3
3	1	-	1	-	2
4	2	-	1	-	3
10	2	3	-	-	5
11	1	-	1	-	2
12	1	-	1	-	2
13	-	-	1	-	1
17	1	1	-	-	2
23	-	1	-	1	2
24	2	2	-	-	4
25	1	-	-	-	1
26	1	-	-	-	1
TOTAL	13	10	6	1	30

Fonte: MP-1776.

Dos trinta habitantes registrados como oficiais mecânicos em 1776 – entre os quais alguns já contavam idade avançada –, apenas dez podem ser localizados na lista nominativa de 1794. Por serem poucos, a análise de permanência ou deslocamento desse grupo na cidade não se propõe a conclusões definitivas. No entanto, identificamos duas tendências opostas e igualmente relevantes. Seis dos habitantes localizados nas duas listas não se encontram mais nas ruas em que haviam sido inicialmente encontrados. Quatro ferreiros e dois carpinteiros mudaram-se de suas casas, como indicado no mesmo mapa da Figura 3.7 (números 6, 9, 17, 20, 22 e 24), sendo que todos se deslocaram para áreas em que a ocupação da cidade era crescente no final do século XVIII. Ou seja, esses habitantes fizeram parte da expansão urbana de São Paulo nesse período ou foram lançados a ela pela pressão do mercado imobiliário nas áreas de ocupação mais antiga.[60]

---

60 É possível que o local de habitação desses trabalhadores tenha sofrido outras mudanças no

Em Obras 189

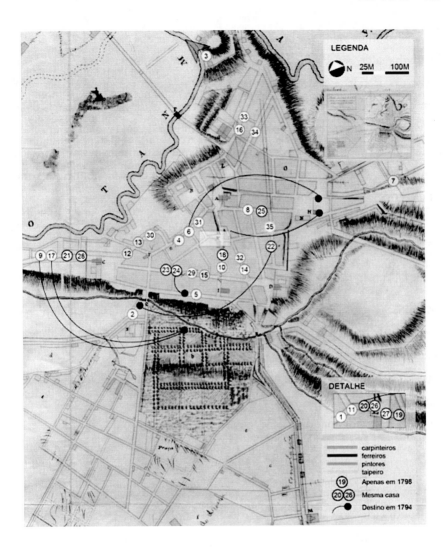

Figura 3.7 – Indicação das moradias dos oficiais mecânicos presentes na lista nominativa de 1776, suas mudanças em relação ao censo de 1794 e o local de moradia dos oficiais declarados no censo de 1798, sobre a "Planta da Cidade de S. Paulo", de 1810. Os números correspondem à coluna "Nº" da Tabela 3.5

período entre um censo e outro, mas o que ressaltamos aqui é sua participação no processo de crescimento da cidade.

Analisando o valor dos bens imobiliários a partir dos dados do Livro da Décima Urbana de São Paulo, de 1809, Beatriz Bueno informa-nos que os imóveis mais caros da cidade estavam nas ruas do Carmo, do Comércio, do Rosário, Direita, de São Bento, da Boa Vista, na Travessa das Casinhas e no Largo da Sé, enquanto as áreas de várzea e além-rios dispunham de casas mais baratas.[61] Os trabalhadores que variaram seu local de moradia transitaram justamente pelas últimas áreas citadas – menos valorizadas e com maiores possibilidades para a população que possuía menor renda.

O ferreiro Joze da Silva deixou uma rua entre o Quartel da Legião e o convento franciscano para habitar morada na Rua de Santa Efigênia, do outro lado do Rio Anhangabaú. Gregorio da Silva e Jacinto Correa dos Santos, carpinteiro e ferreiro respectivamente, tornaram-se vizinhos na Rua de São Gonçalo, consideravelmente mais distante da área valorizada. No censo anterior, encontravam-se na Rua da Boa Vista e em rua próxima à Igreja da Misericórdia, ambas de alta concentração populacional, em 1776. Vale lembrar que a Rua de São Gonçalo ficava no eixo de comunicação com a Estrada de Santos, região para onde ocorreriam deslocamentos sucessivos da população mais pobre no início do século XIX, por conta da maior abundância de terras, conforme exposto no capítulo anterior.

No mesmo ano de 1776, Joaquim Pires e João Roiz, também carpinteiro e ferreiro, moravam no caminho que levava à Luz e mudaram-se para a região do Anhangabaú. Continuaram vizinhos, portanto, ao deslocarem-se para uma área que, como visto no Capítulo 2, estava em vias de abrir-se para uma ocupação populacional mais intensa, para além das vastas chácaras então presentes. Os ferreiros Lourenço dos Santos e Lazaro Roiz Piques deixaram de dividir sua moradia na Rua de São Bento, e o primeiro mudou-se, em 1794, para a Rua de São José, paralela àquela, mas já na várzea do Anhangabaú, no entorno da Cidade Nova – à época do recenseamento de 1776, essa via ainda não havia sido construída.

---

61 BUENO, Beatriz Piccolotto Siqueira. "O velho tecido urbano de São Paulo: proprietários e 'mercado imobiliário' rentista em 1809". *Varia História*, Belo Horizonte, v. 32, jul., p. 132-143, 2004.

Os outros quatro trabalhadores – todos carpinteiros – mantiveram-se nas mesmas localidades em que haviam sido registrados quase vinte anos antes. Não é possível saber se eram as mesmas casas ou mesmo se eles mudaram-se durante esse entremeio e retornaram à localização anterior, mas trata-se de um importante contraponto à ideia de que a ocupação da cidade de São Paulo era, de algum modo, descontinuada periodicamente. Retomamos aqui a referência aos estudos de Maria Luiza Marcílio, nos quais a autora opõe-se às imagens do esvaziamento periódico da cidade, motivado pelas guerras no sul ou pela exploração dos sertões, e mostra como a ocupação e a economia paulistas só faziam consolidar-se nesse período.

Ernani Silva Bruno é um dos autores que discute a imagem da cidade de São Paulo como espaço de ocupação fugidia, valendo-se das descrições de viajantes e das passagens das atas de reuniões camarárias, em que os vereadores encontravam-se, por vezes, ausentes por não conseguirem chegar à cidade. Segundo o autor, essa seria uma característica de formação da cidade de São Paulo que se preservou até os tempos imperiais.[62] De forma resumida, diz Bruno que

> Na era colonial [...] São Paulo tinha atuado como ponto de partida das bandeiras. Mesmo no século dezenove a cidade foi, para muitos paulistas influentes, apenas um centro de periódicas cerimônias religiosas e cívicas: "a vida cotidiana êles passavam em regiões afastadas, e nada faziam para criar um coerente e sólido núcleo urbano".[63]

Essa caracterização da cidade desconsidera, no entanto, o restante da população que, ao final do período colonial, realizava cada vez menos aqueles movimentos periódicos de exploração econômica dos sertões e concentrava cada vez mais seu modo de vida na cidade. Como se pode apreender da análise conduzida no segundo capítulo, a realização das obras só era possível por conta da presença desses trabalhadores, para os quais a atividade construtiva era um meio de man-

---

62 BRUNO, Ernani Silva. *História e tradições da cidade de São Paulo: Volume I – Arraial de sertanistas (1554-1828)*. São Paulo: Editora Hucitec, 1991, p. 80.

63 As aspas correspondem à citação de um trecho da obra *São Paulo: Raízes oitocentistas da metrópole*, de Richard Morse. *Ibidem*, p. 95.

ter-se na cidade. Tanto a mobilidade de alguns oficiais mecânicos em direção às áreas de expansão da cidade quanto a permanência dos outros são ocorrências que concordam com a tese de Marcílio, mostrando que a volatilidade dos paulistas não era característica hegemônica e era condizente com as possibilidades e mudanças típicas do modo de vida urbano.

Ainda na Figura 3.7, vemos a localização, em 1794, de sete trabalhadores do censo de 1798 (números 5, 7, 12, 13, 15, 19 e 20 da Tabela 3.5). À exceção de um, eram todos moradores das principais ruas da cidade, nas quais estava a maior parte da população. No último censo consultado, não há nenhuma indicação de pintor ou taipeiro, e aqueles assim constantes no primeiro censo não foram encontrados em nenhuma das outras duas listas nominativas.

Dos poucos oficiais mecânicos declarados nas listas que constam também nos registros de obras públicas compulsados, nenhum apresenta relação visível entre o local de moradia em 1794 – em meio ao período de obras mais abundante – e a localização das construções de que participava. Esse dado reforça o fato de que esses habitantes trabalhavam nas obras como contratados, e não de forma compulsória – como os moradores que residiam ao longo de estradas ou perto de pontes e eram convocados para o *trabalho compulsório dos homens livres*. A separação entre os espaços de trabalho e de moradia é mais um apontamento do caráter urbano das relações profissionais e da vida na cidade.

Entre os oficiais mecânicos da lista de 1776, algumas relações corroboram a tese de que a transmissão de saberes tinha forte vínculo com a organização domiciliar, especialmente – nos casos em questão –, com os laços familiares. Em primeiro lugar, temos Marcelo e Joaquim Pires, ambos carpinteiros e sobrinhos de Joana Pires, com quem moravam na rua que ligava a porção central da cidade ao Convento da Luz. Francisco e Joze Duarte do Rego não residiam na mesma casa, mas tudo indica que os dois pintores, cuja diferença de idade era de oito anos, eram irmãos e, assim como ocorrido na família Pires, tinham aprendido o ofício juntos. Por fim, temos Pedro dos Santos, também pintor, que morava com a mulher e o filho Manoel, com então seis anos. O pintor não aparece mais nos registros censitários, mas um Manoel dos Santos, mestre pintor, trabalhou em 1789 e 1791 nas obras da Cadeia – podemos supor que fosse filho de Pedro.

Oficialmente, os carpinteiros são 13 e 8, enquanto os ferreiros são 10 e 3, nos censos de 1776 e 1798, respectivamente. Temos ainda os seis pintores e o taipeiro registrados na primeira lista nominativa consultada. Desses, como se vê na Tabela 3.5, apenas cinco carpinteiros e quatro ferreiros constam como participantes das nove obras analisadas. Na prática, no entanto, esses não eram os únicos profissionais atuando na cidade. A listagem total de trabalhadores e envolvidos nas obras públicas estudadas – levantada a partir das análises apresentadas no item 2.4 do Capítulo 2 – conta com 531 nomes, entre carpinteiros, ferreiros, pintores, taipeiros, broqueadores, carreiros, camarários e outros.[64] Vemos as principais identificações de profissionais na Tabela 3.7, com as respectivas ocorrências.

Tabela 3.7 – Ofícios registrados nos documentos de obras

CATEGORIA	OCORRÊNCIAS	(%)
Carpinteiros	86	16,20
Ferreiros	6	1,13
Pedreiros	55	10,36
Pintores	4	0,75
Taipeiros	3	0,56
Broqueadores	3	0,56
Carreiros	67	12,62
Demais	307	57,82
TOTAL	531	100,00

Fonte: FCMSP-28/37/41/42/43.

Boa parte dos não identificados, contidos na categoria "Demais", são os trabalhadores que executavam carregamento de pedras e movimentação de terras nas

---

64 A singularização dos trabalhadores e envolvidos por meio da sua localização nas listas nominativas não é possível para a totalidade dos registrados, por conta da repetição e da fugacidade dos nomes próprios, principalmente entre os habitantes mais pobres. Portanto, sabemos que, entre os 531 participantes, devemos ter algumas duplicadas, de modo que a lista pode ser algo menor. Como este livro não enseja uma análise pautada por indicadores quantitativos, essa especulação sobre a possível diferença entre o número de trabalhadores identificados e o número "real" refere-se ao método de pesquisa e não se coloca como ressalva às conclusões apresentadas.

cabeceiras das pontes. Além deles, temos os participantes de ocasião, como os condutores de carros, os donos de animais usados nas obras e o capitão do mato que foi remunerado para buscar o mestre pedreiro que trabalharia nas obras da Câmara em 1789.[65] Alguns escravos trabalharam como pedreiros sem, contudo, serem assim indicados oficialmente, de modo que foram também incluídos nessa categoria.

Não podemos ignorar o fato de que outras construções aconteciam na cidade nesse momento – especialmente, obras religiosas –, mas o que se destaca aqui é a disparidade entre os registros profissionais dos censos e a participação efetiva nas obras públicas. Ainda que os valores absolutos do número de ferreiros, pintores e taipeiros sejam da mesma escala de grandeza nos dois tipos de registro, os trabalhadores não são os mesmos.

O número de carpinteiros constantes na documentação de obras públicas é significativamente superior aos registrados na lista nominativa de 1798 – são 86 contra 8, sendo que há apenas três sobreposições, ou seja, carpinteiros declarados no censo que participaram das obras estudadas. Outras funções presentes nos canteiros de obras tinham ainda menos relação com os dados censitários. A posse de carro consta apenas uma vez na lista de 1798, na descrição das ocupações do frei Fernando da Madre de Dios, de 63 anos.[66] Em suas terras em São Caetano, o religioso beneditino possuía "12 bois de carro", que provavelmente eram usados, de forma regular, no transporte das telhas que o mesmo produzia também nesse subúrbio. Não há menção em nenhum outro dos censos consultados, assim como não há registro de condutores de carros.

---

65 Esses participantes foram apresentados na análise das obras contida no Capítulo 2.
66 MP-1798.

Tabela 3.8 – Participação dos pedreiros nas obras

OBRAS	MESTRES	PEDREIROS	NÃO DECLARADOS
Cadeia	3	23	37
Câmara	1	1	-
Chafariz	2	9	42*
P. Anhangabaú	-	13	32
P. Acu	1	8	2
R. São Bento	1	12	-
Praça do Curro	1	-	-

* Um dos registros é de "negros que tiraram pedras das canoas e colocaram nos carros", de modo que eram mais de 42 trabalhadores, mas não podemos saber precisamente.

Fonte: FCMSP-41/42.

Ainda mais díspares são as referências aos pedreiros. Como visto no Capítulo 2, excetuando-se as pontes de Pinheiros e de Santana, as demais obras contaram com esses trabalhadores em intensidade e funções variadas. A Tabela 3.8 apresenta o número de mestres e serventes em cada obra. Conforme anotamos anteriormente, muitos escravos que tiravam e carregavam pedras foram registrados apenas como "negros", "pretos" ou associados a seus donos. Contamos esses pedreiros como "não declarados".

Apenas as obras da Ponte do Anhangabaú contaram com pedreiros sem a supervisão de um mestre – nas outras seis, havia ao menos um dos cinco mestres pedreiros nomeados pelos documentos camarários. É preciso notar que as categorias descritas na tabela representam funções e tarefas distintas. Nos documentos originais, os supervisores de obras referem-se aos escravos que tiravam pedras como pedreiros. No canteiro de obras, os serventes – fossem escravos ou livres – executavam serviços mais demorados e árduos, já que carregavam e lidavam com as pedras. Aos mestres, cabia ordenar o trabalho de seus subordinados, além de executar tarefas mais refinadas. Nenhum deles, no entanto, é citado como pedreiro nos mapas de população, apesar de representarem quase 10% dos trabalhadores das obras estudadas – sem contar os "não declarados".

Revisão da conceituação do trabalho na São Paulo colonial

Essas duas dimensões do trabalho na São Paulo colonial – uma gerada pelos censos e outra, pelos registros de obras – não são excludentes. Ao contrário, elas fazem parte da própria forma como se articulavam os trabalhos dos diferentes grupos populacionais na construção da cidade, integrando as esferas cotidianas desde o interior das casas e da Câmara até o canteiro de obras. Em linhas gerais, as análises das nove obras públicas registradas e seus participantes apresentam escravos, forros, livres pobres, livres remediados e elite, igualmente envolvidos no processo de urbanização de São Paulo – o que varia é o significado da participação de cada grupo.

A parcela da população com mais posses e rendas distribuía-se entre as elites administrativa – e, portanto, militar – e religiosa. Ainda que houvesse disputas entre indivíduos de um ou outro "campo", não é possível desvincular essas elites porque seus membros eram das mesmas famílias e, mesmo quando não eram, articulavam-se em defesa de interesses comuns. A lista dos maiores proprietários de imóveis, de acordo com a Décima de 1809, deixa clara essa relação.[67] Além de patriarcas e matriarcas de maior poder político na cidade, temos o Mosteiro de São Bento, o Convento do Carmo, o Recolhimento de Santa Tereza, a Irmandade do Rosário dos Pretos e a própria Câmara entre os proprietários mais expressivos da cidade.

Excetuando-se as instituições religiosas e o poder público, dos dez proprietários com maior número de imóveis, segundo Bueno, ao menos três haviam se envolvido com as obras públicas estudadas: Joze Arouche de Toledo Rendon, Joze Vaz de Carvalho e Luiz Antonio de Souza, moradores das ruas de São Bento, Direita e do Ouvidor e possuidores de 18, 7 e 7 imóveis, respectivamente. Apenas essa última rua não constava na lista de localizações mais valorizadas, mas era uma rua circundante a essa área.

Arouche, como descrito no capítulo anterior, capitaneou diversas atividades referentes à expansão urbana, além de ter organizado as obras na Praça do Curro.

---

67 BUENO, *op. cit.*, p. 135.

Os outros dois participaram das obras na Ponte do Anhangabaú entre os anos de 1794 e 1796, ambos envolvidos na condução da cal, de Cubatão para a cidade. Carvalho coordenou a ação dos condutores no transporte do material, enquanto Souza providenciou os sacos de algodão que embalavam a cal. Os três eram "homens bons" da cidade, do que resultaram seus cargos na administração pública. A participação desses homens nas obras públicas representava, portanto, não apenas o cumprimento de suas obrigações com o bem público, mas também a defesa de seus interesses, por meio da execução das decisões que eles próprios tomavam no âmbito do poder público.

A título de exemplo, transcrevemos a seguir o registro da ocupação e fonte de renda de Joze Vaz de Carvalho, segundo a lista nominativa de 1798, em que o então coronel de milícia vivia com a mulher, quatro filhos e 37 escravos: "vive de negócio de comprar bestas no Rio Grande do Sul e Curitiba que vende na vila de Sorocaba e outros lugares da capitania e de contratos régios".[68] Para Carvalho, a construção da Ponte do Anhangabaú, que ligava a cidade ao circuito do comércio de gado, era uma importante forma de garantir a continuidade de suas atividades econômicas.

Da mesma forma, para os trabalhadores dos canteiros de obras, o caráter cíclico dessas atividades poderia significar a consolidação de suas ocupações. Da listagem total dos habitantes encontrados nos documentos de obras públicas, identificamos pouco menos de 50 trabalhadores que participaram de duas ou três obras. Para a maioria deles é possível ter certeza da repetição, já que são citados com nome, sobrenome e função dentro ou fora do canteiro.[69]

Entre eles, está o ferreiro Jacinto Correa dos Santos, envolvido em diversas obras públicas do período.[70] Segundo o censo de 1776, o ferreiro de 30 anos era

---

68   MP-1798.

69   Outros provavelmente também estiveram em mais de uma obra, mas não é possível confirmar essas hipóteses pelas variações na denominação dos trabalhadores na documentação. É o caso dos escravos que são referidos apenas pelo primeiro nome: quando são chamados "João" ou "Joze" não podemos garantir que eram os mesmos em obras diferentes.

70   O ferreiro é remunerado pelo conserto de dois machados e uma foice, usados nas obras da Ponte de Pinheiros, conforme documento sem data. Os demais registros de obras nessa

pardo e forro – podemos supor que aprendeu o ofício por vontade ou permissão de algum senhor a quem pertenceu. Nas listas nominativas de 1794 e 1798, já depois de envolver-se com as obras públicas, Jacinto não recebe mais a alcunha de "forro", ainda que sua cor de pele continue a ser indicada. Essa variação decerto acompanhou a mudança na condição social do ferreiro, obtida ou assegurada pelo desempenho regular de seu ofício e pelas relações com os representantes da administração pública. Jacinto continuava a ser um antigo escravo, que havia sido liberto, mas sua consolidação no campo profissional dentro da cidade diferenciava-o dos demais forros e aproximava-o dos homens livres.

A Tabela 3.9 enumera as categorias dos trabalhadores e envolvidos que participaram de mais de uma obra. A preponderância dos carreiros deve-se principalmente à facilidade de identificá-los – por serem referenciados com nome completo –, e também ao fato de ser essa uma função indispensável, à qual poucos podiam ou queriam concorrer, como mencionado no capítulo anterior.

Tabela 3.9 – Trabalhadores não ocasionais das obras

CATEGORIA	OCORRÊNCIAS
Carpinteiros	7
Ferreiros	2
Pintor	1
Pedreiros	10
Escravos	7
Carreiros	17
Demais	2
TOTAL	46

Fonte: FCMSP-28/37/41/42/43.

Alguns escravos também se beneficiavam não apenas dos jornais de seu trabalho, mas também da distinção que poderiam obter. João de Oliveira participou das obras da Cadeia, da Câmara e da Praça do Curro, sendo sempre referido como mestre pedreiro e escravo do padre Ivo Joze Gordiano. Segundo Carlos

---

ponte datam dos anos de 1795 e 1805, de modo que o trabalho de Jacinto pode ter se estendido até os primeiros anos do século XIX. FCMSP-41.

Lemos, o pedreiro Thebas apenas seria tratado por mestre após ser liberto,[71] mas esse não era o caso de Oliveira, cujo reconhecimento – oficial ou não – da destreza com que executava seus serviços não foi impedido por sua condição de cativo.[72] Assim como o supracitado Jacinto Correa, a atividade profissional decerto serviu a Oliveira e Thebas como uma forma de distinção entre os demais cativos.

A especialização dos escravos nos ofícios mecânicos ligados à construção era tanto uma estratégia de ascensão para esses homens quanto, para seus donos, uma das formas de empregá-los. Entre os participantes mais assíduos das obras públicas, temos escravos de Maria de Lara (mencionada no Capítulo 2), Ignacio Ferreira, Gertrudes Mendes e do cônego Fermiano Xavier. Os três últimos empregaram dois escravos cada um, em obras diversas. Essa recorrência entre cativos de um mesmo senhor faz-nos retomar a questão da transmissão dos ofícios: por um lado, os trabalhadores eram treinados durante seus serviços no canteiro; por outro, e ao mesmo tempo, o interior das moradas servia também como espaço de aprendizagem.

Ignacio Ferreira, como descrevemos anteriormente, possuía uma fábrica de telhas em sua chácara, localizada em um subúrbio da cidade. Consta na lista nominativa de 1798 que, em sua casa, moravam seus três filhos e 17 escravos, entre os quais, Domingos e Damião, que trabalharam nos serviços da Câmara e da Cadeia, respectivamente. A produção de telhas relacionava Ferreira tanto às obras públicas quanto às construções particulares, nas quais seus cativos poderiam ser ocasionalmente empregados.

No caso de Gertrudes Mendes, não eram apenas seus escravos que regularmente envolviam-se em obras públicas. Seu filho, o alferes Joaquim Mendes Lustoza, é um dos fornecedores de materiais para a construção da Praça do Curro.

---

71 LEMOS, *op. cit.*

72 Não podemos afirmar que João de Oliveira foi oficialmente nomeado mestre, em função das indicações bibliográficas de que os escravos eram, via de regra, impedidos de prestar os exames para esse título, dentro das corporações. Roberto Guedes diz que, no Rio de Janeiro, "'pardos' e 'pretos' só prestariam exame de qualificação profissional se mostrassem certidão de que eram livres ou forros". GUEDES, *op. cit.*, p. 396. Vale notar que, na cidade de São Paulo, a Câmara era responsável pela eleição de juízes de ofício e pela regulamentação de preços e condições de trabalho.

Para Lustoza e outros militares que não eram oficiais mecânicos, o comprometimento com essa obra específica era uma forma de demonstrar sua aliança ao coronel Joze Arouche de Toledo Rendon que, além de suas empreitadas urbanísticas, era uma das figuras mais importantes dentro do quadro militar paulista.

Como se vê, a ocorrência e a execução das obras públicas na cidade de São Paulo não podem ser analisadas apenas a partir das atividades construtivas ou dos trabalhadores especializados e oficialmente formados para esses serviços, tais como os oficiais mecânicos. Várias questões, desde as motivações de cada obra até a sua realização, são indispensáveis para se compreender a dimensão que as obras tomavam dentro da construção da cidade e do modo de vida de sua população, sendo que – como buscamos realizar nesse capítulo – esses dois aspectos devem ser indissociáveis na pesquisa histórica.

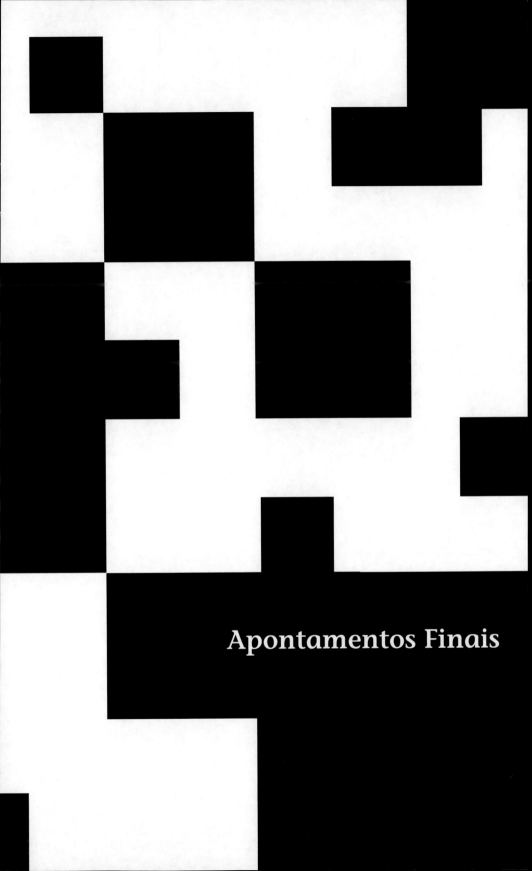

Apontamentos Finais

O debate proposto na presente publicação e a documentação analisada em nossas pesquisas permitem apresentar com clareza aspectos da ocupação, da população e do trabalho na cidade de São Paulo ao final do período colonial. As atividades econômicas e militares realizadas pela população paulista configuravam uma rede de comunicações que se estendia desde o litoral da capitania até seus sertões, atingindo tanto o sul da colônia quanto as áreas agroexportadoras ao norte. Produtos agrícolas, gado, mercadorias e – principalmente – pessoas circulavam por uma rede de caminhos e estradas, constituída por meio de empreitadas variadas, que se sucederam e se sobrepuseram durante os três primeiros séculos de colonização. Essa rede, futuramente, seria possibilitadora do desenvolvimento e do escoamento do plantio de café no oeste paulista, mas já era, antes disso, o elemento organizador do território por ela percorrido.

Em contraposição aos desenvolvimentos simultâneos do norte açucareiro e aos desdobramentos posteriores do oeste cafeeiro, a capitania e a cidade de São Paulo foram frequentemente tomadas como regiões pobres ou decadentes, conforme veiculado nas obras analisadas sobretudo no Capítulo 1. De forma geral, a argumentação desses estudos baseia-se na ideia de um desenvolvimento linear, no qual a exploração do café seria o primeiro momento significativo de crescimento econômico, encerrando séculos de precariedade. Dentro dessa chave, em que a capitania é avaliada a partir de sua relação com o mercado internacional, as atividades intracoloniais – o comércio de cativos, de gado e de alimentos e as movimentações financeiras – são consideradas menos importantes, principalmente por engajarem quantias menores de dinheiro em relação ao comércio de cana-de-açúcar ou café. Ainda sob essa perspectiva, as comunicações são retratadas, no período colonial, apenas como um potencial a ser realizado.

Na esteira dos estudos que revisam essa interpretação, tomamos os dados do recenseamento de 1978 da cidade de São Paulo, acerca das ocupações e fontes de renda da população. Com essas informações, construímos o mapa apresentado na Figura 1.1 (no primeiro capítulo), em que constam as vilas e cidades que compõem as rotas que passavam por ou originavam-se em São Paulo. A um só tempo, essa imagem mostra a rede da qual a cidade fazia parte e a intensidade das atividades comerciais que a concretizavam. Em termos de valores monetários absolutos, essas atividades eram menores do que as resultantes da participação da colônia no mercado do açúcar, mas nem por isso faziam-se menos importantes para a conformação do modo de vida e do território colonial – especialmente o paulista. Dessa forma, a simples hierarquização das duas formas de exploração econômica é insuficiente para o estudo de uma ou outra área em particular. Tomando a cidade de São Paulo como objeto, fizemos uso das obras públicas como entrada para esse tipo de estudo específico, que abarca as questões econômicas que vão além do território municipal, sem negligenciar as atividades que pouco ou nada se relacionavam com o mercado internacional.

No período analisado, entre os anos de 1775 e 1809, as obras públicas na cidade foram recorrentes, consolidando-se como atividades regulares em meio à falta de materiais, mão de obra e recursos – assim como os próprios movimentos de exploração da capitania haviam estabelecido sua ocupação, ao longo dos séculos anteriores, entre momentos de expansão e retrocesso. A ocorrência dessas obras foi beneficiada no final do século XVIII pela considerável diminuição dos conflitos militares nas fronteiras com os territórios espanhóis ao sul, que liberou braços e recursos antes mobilizados na proteção da colônia portuguesa.

A correspondência dos capitães-generais, as atas das reuniões da Câmara e seus documentos de receitas e despesas não deixam dúvidas da guinada nos interesses do poder público que, sem descuidar-se das áreas de disputa territorial, investiu na construção e manutenção de caminhos, bem como na melhoria e consolidação das condições de ocupação das vilas e cidades sob seu domínio. Desde a administração do morgado de Mateus – imediatamente anterior ao período em questão –, são postas em prática medidas urbanizadoras, segundo as quais era indispensável para o desenvolvimento econômico da colônia a criação de "povoações civis" – vilas e cidades – em que a população fosse reunida.

Para o morgado, o trabalho – no caso, os ofícios mecânicos – também era encarado como parte dessa empreitada por incentivar a obediência às regras e a fixação da população. Esse tema era de especial interesse, já que a "vadiagem" era considerada um dos principais problemas dos habitantes da capitania de São Paulo – o termo é extraído dos documentos da época e era usado para indicar o caráter indesejável dessa característica da população, que incluía também a permanência, aparentemente sem motivo, nas ruas e espaços públicos. Sua forma de cultivo do solo baseava-se no uso e descarte de áreas sucessivas, de modo que a população variava seu local de moradia periodicamente, algo inaceitável para as intenções do capitão-general.

Não é de se espantar, portanto, que as obras públicas tivessem importância expressiva para os administradores. Mas sua relevância vai além da execução dos planos do poder público, uma vez que essas atividades contavam com a participação de grande parte da população da cidade e articulavam diversas áreas, além daquelas diretamente afetadas pelas obras, como visto no Capítulo 2. As atividades construtivas concentravam-se na porção oeste, mas outras partes da cidade – e além dela – eram atingidas pela extração de matéria-prima e pelo comércio de ferramentas, outros materiais e suprimentos. É o caso da cal que vinha de Cubatão, das telhas fabricadas em chácaras nos subúrbios e das pedras originárias do Pacaembu ou de Pinheiros.

A localização das obras, no entanto, era associada diretamente ao crescimento da cidade e à distinção populacional na sua ocupação. O arruamento e a disponibilização de terrenos na Cidade Nova (área além do Rio Anhangabaú, a oeste do núcleo central de ocupação) são realizados majoritariamente por e para um grupo específico de moradores – membros do clero, da administração e do quadro militar –, a elite socioeconômica da cidade. Sua participação no ordenamento e na organização das obras, portanto, aliava seus interesses particulares à sua posição dentro do poder público. Destacamos aqui os dois últimos grupos, que se confundiam na função administrativa e na organização da cidade, de forma geral. As distinções entre esses moradores e aqueles que solicitaram terras na área sul da cidade, onde não havia sequer uma obra nesse período, evidencia a diferenciação entre as áreas da cidade e aponta conflitos próprios do espaço urbano.

No que tange especificamente as obras estudadas, o primeiro destaque é a recorrência das formas de organização e de execução. Em outras palavras, a legislação referente a essas atividades era dispersa e pouco clara, mas havia um padrão de repetição – os "costumes" da época – baseado, em certa medida, nessas leis. Da leitura da documentação compulsada, foi possível definir as três formas de empreendimento das obras, conforme apresentamos no caso dos trabalhos no aterrado e na Ponte de Santana. Trata-se do *trabalho compulsório dos homens livres*, da *arrematação* e da *obra a jornal*, cujas distinções organizacionais refletiam-se no canteiro, conforme detalhado no segundo capítulo.

Essas três formas de organização têm um princípio comum, que pauta toda a atividade de obras públicas, nesse período – trata-se do dever da população em relação ao *bem comum*, regulado pela Câmara. Essa responsabilidade é vista em diversos estágios, desde o financiamento realizado pelos moradores das áreas beneficiadas por algumas obras até a obrigatoriedade de trabalho em outras. A relação entre população e obras públicas tinha ainda outras especificidades, derivadas do fato de que os próprios conceitos de *público* e *privado*, tais como os conhecemos, estavam em formação nesse momento. A extensão das atribuições e intervenções dos membros da Câmara, por exemplo, refletia a sobreposição existente entre as funções administrativas e a atuação particular, sem esquecer-nos da predominância quase absoluta da elite nesses cargos.

Além das diferenças de organização, cada obra estudada tinha questões específicas no que diz respeito ao tipo de profissional empregado e à proporção de livres e escravos, apontando especializações e hierarquias. Os principais tipos de documento de que fazemos uso em nossa análise – as listas de trabalhadores e os recibos – estabelecem essas distinções por meio da remuneração, da forma como cada trabalhador é referido e da descrição dos serviços prestados. O que pudemos observar é que as obras criam, no canteiro, outras relações sociais entre os participantes. Ou seja, escravos podiam ser mais bem remunerados do que homens livres ou podiam ter destaque especial em função de seu nível de treinamento, como é o caso de João de Oliveira que, apesar de ser cativo, é mestre pedreiro e participa de três obras.

Os maços de população – documentação que contém os recenseamentos do período colonial – são de relevância peculiar para aprofundar a compreensão dessas e de outras situações encontradas nos canteiros de obras estudados, uma vez que acrescentam detalhes acerca dos trabalhadores, dos administradores e dos demais envolvidos. Contudo, a análise dos documentos de obras e dos dados censitários permite-nos outras reflexões, que vão além do canteiro. Em realidade, podemos dizer que o canteiro era o resultado material de processos que conjugavam os mais diversos espaços da cidade, desde o domicílio até a Câmara. Como analisado no terceiro capítulo, na São Paulo colonial a transmissão dos conhecimentos e saberes necessários à atividade construtiva não era feita em espaços específicos para esse fim. Por um lado, alguns trabalhadores levavam às obras seus escravos ou serventes que, além de auxiliares, estavam sendo treinados na prática. Por outro, o interior da moradia configurava-se como um lugar de aprendizagem que podia envolver pais e filhos, família e agregados ou senhores e escravos.

A revisão do conceito de ambiente doméstico leva-nos à reavaliação do papel da mulher tanto no domicílio quanto no campo profissional, uma vez que o desenvolvimento das atividades de trabalho passava pelo interior das casas. Havia, no entanto, poucas opções para a atuação direta da mulher no trabalho remunerado, conforme explicitado no diagrama da Figura 3.2, que aponta ainda a grande ocorrência de acúmulo de fontes de renda para o gênero feminino – resultado claro da escassez de alternativas.

Esse diagrama levanta outra evidência expressiva da solidez do campo profissional na cidade de São Paulo nesse momento a caracterização da população por meio de seu ofício. Nenhum dos artífices assim declarados no censo de 1798 indicou outra fonte de renda em seus dados, o que mostra que a sobrevivência por meio do desempenho desses trabalhos era uma realidade. Outro indicativo é a espacialização dos dados da lista nominativa de 1776 acerca da ocupação dos habitantes, apresentada na Figura 3.1, segundo os quais havia uma tendência de concentração dos profissionais afins em determinadas áreas, o que acentuava seu caráter de grupo.

Uma das principais conclusões das pesquisas que ora apresentamos é, sem dúvida, a existência de um campo profissional na cidade de São Paulo ao final do período colonial, que contribuiu, inclusive, para dar traços urbanos ao modo de vida da população e para criar distinções, relações e hierarquias em seu interior.

Como se vê nos registros camarários, não houve sequer um trabalhador que tivesse participado de mais do que três das obras estudadas. Ou seja, não havia um pequeno grupo de trabalhadores constantemente responsável por levar a cabo todas as empreitadas construtivas na cidade ou resignado ao ócio do qual saía apenas em momentos excepcionais. Ao contrário, havia um grande número de trabalhadores disponíveis, que podiam empregar-se nas variadas possibilidades de trabalho existentes. Em outras palavras, mesmo que os profissionais tivessem, individualmente, uma participação nem sempre constante nas obras, o campo profissional mantinha-se ativo, mobilizando mais ou menos trabalhadores, de acordo com as contingências políticas e econômicas.

A própria variação na participação desses habitantes indica que eles possuíam um grau de liberdade em relação ao oferecimento de seus serviços – não relacionado diretamente à condição de livre ou escravo. Eram, portanto, trabalhadores que assim se reconheciam e que exerciam suas atividades no interior de um campo específico, regulado pelos princípios próprios do trabalho, cuja efetivação só poderia ser concretizada num espaço de características urbanas, como já era a cidade de São Paulo ao final do período colonial.

Referências

Documentos originais e mapas

Arquivo Municipal Washington Luís, seção de Manuscritos avulsos, "Fundo da Câmara Municipal de São Paulo", cx. 28, 37, 41, 42 e 43.

Arquivo Público do Estado de São Paulo, série "Acervo permanente: Colônia".

Arquivo Público do Estado de São Paulo, série "Documentos manuscritos avulsos da capitania de São Paulo".

Arquivo Público do Estado de São Paulo, série "Maços de população". Disponível em: <http://www.arquivoestado.sp.gov.br/viver/recenseando.php>. Acesso em: 21 Jan. 2013.

PLANTA da Cidade de S. Paulo. In: PREFEITURA DO MUNICÍPIO DE SÃO PAULO. *IV Centenário da fundação da cidade de São Paulo*. São Paulo: Prefeitura do Município de São Paulo, 1954.

Referências bibliográficas

ALGRANTI, Leila Mezan. "Famílias e vida doméstica". In: NOVAIS, Fernando A. (org.); SOUZA, Laura de Mello e (org.). *História da vida privada no Brasil: Cotidiano e vida privada na América portuguesa*. São Paulo: Companhia das Letras, 1997, v. 1, p. 83-154.

_____. *O feitor ausente*: Estudo sobre a escravidão urbana no Rio de Janeiro. Petrópolis: Vozes, 1988.

AMARAL, Aracy. *A hispanidade em São Paulo: Da casa rural à Capela de Santo Antônio*. São Paulo: Livraria Nobel, 1981.

ARAÚJO, Renata Malcher. *As cidades da Amazônia no século XVIII: Belém, Macapá e Mazagão*. Porto: Faculdade de Arquitectura da Universidade do Porto, 1998.

ARQUIVO PÚBLICO DO ESTADO DE SÃO PAULO. *Documentos interessantes para a história e costumes de São Paulo*. São Paulo: Tip. do Globo, 1946, v. 70.

_____. *Documentos interessantes para a história e costumes de São Paulo*. São Paulo: Casa Eclética, 1954, v. 74.

_____. *Documentos interessantes para a história e costumes de São Paulo*. São Paulo: Casa Eclética, 1961, v. 89.

_____. *Documentos interessantes para a história e costumes de São Paulo*. São Paulo: Duprat & Comp., 1924, v. 46.

_____.*Documentos interessantes para a história e costumes de São Paulo*. São Paulo: Typ. da Casa Eclectica, [19--], v. 24

_____. *Documentos interessantes para a história e costumes de São Paulo*. São Paulo: Departamento do Arquivo do Estado de São Paulo, 1955, v. 85.

BELLOTTO, Heloísa Liberalli. *Autoridade e conflito no Brasil colonial: O governo do Morgado de Mateus em São Paulo*. São Paulo: Conselho Estadual de Artes e Ciências Humanas, 1979.

BLAJ, Ilana. *A trama das tensões: O processo de mercantilização de São Paulo colonial (1681-1721)*. São Paulo: Humanitas; Fapesp, 2002.

BOMFIM, Manoel. *A América Latina: males de origem*. Rio de Janeiro: Topbooks, 1993.

_____. *O Brasil na América: Caracterização da formação brasileira*. Rio de Janeiro: Topbooks, 1997.

BORREGO, Maria Aparecida de Menezes. *A teia mercantil: negócios e poderes em São Paulo Colonial (1711-1765)*. São Paulo: Alameda, 2010.

BOXER, C. R. *O império colonial português*. Lisboa: Edições 70, 1977.

BRUNO, Ernani Silva. *História e tradições da cidade de São Paulo: Volume I – Arraial de sertanistas (1554-1828)*. São Paulo: Editora Hucitec, 1991a.

_____. *História e tradições da cidade de São Paulo: Volume 2 – Burgo de estudantes (1828-1872)*. São Paulo: Editora Hucitec, 1991b.

BUENO, Beatriz Piccolotto Siqueira. *Desenho e desígnio: O Brasil dos engenheiros militares (1500-1822)*. São Paulo: Editora da Universidade de São Paulo, 2011.

_____. "O velho tecido urbano de São Paulo: Proprietários e 'mercado imobiliário' rentista em 1809". *Varia História*, Belo Horizonte, v. 32, jul., p. 132-143, 2004.

_____. "Sistema de produção da arquitetura na cidade colonial brasileira – Mestres de ofício, 'riscos' e 'traças'". *Anais do Museu Paulista*, São Paulo, v.20, n.1, p. 321-361, Jan./Jun., 2012.

CAMPOS, Pedro Moacyr (org.); HOLANDA, Sérgio Buarque de (org.). *História geral da civilização brasileira*.São Paulo: Difel, 1976, t. 1, v. 1.

CANABRAVA, Alice Piffer. "Uma economia de decadência: os níveis de riqueza na capitania de São Paulo, 1765-1767". In: _____. *História econômica: Estudos e pesquisa*. São Paulo: Editora Hucitec; UNESP; Associação Brasileira de Pesquisadores em História Econômica, 2005, cap. 5, p. 169-202.

CLETO, Marcelino Pereira. "Dissertação a respeito da Capitania de São Paulo, sua decadência e modo de restabelecê-la". *Anais da Biblioteca Nacional do Rio de Janeiro*, Rio de Janeiro, v. 21, 1900.

CORTESÃO, Jaime. *A fundação de São Paulo, capital geográfica do Brasil*. Rio de Janeiro: Livros de Portugal, 1955.

DELSON, Roberta Marx. "O Marquês de Pombal e a política portuguesa de 'europeização'". In: _____. *Novas vilas para o Brasil-Colônia: planejamento espacial e social no século XVIII*. Brasília: Editora Alva-Ciord, 1997, cap. VI, p. 49-68.

DIAS, Maria Odila Leite da Silva. *Quotidiano e poder em São Paulo no século XIX – Ana Gertrudes de Jesus*. São Paulo: Editora Brasiliense, 1984.

FERNANDES, Florestan. *O negro no mundo dos brancos*. São Paulo: Difusão Europeia do Livro, 1972.

FLEXOR, Maria Helena Ochi. "Ofícios, manufaturas e comércio". In: SZMRECSÁNYI, Tamás (org.). *História econômica do período colonial*. São Paulo: Hucitec; Associação Brasileira de Pesquisadores em História Econômica; Editora da Universidade de São Paulo; Imprensa Oficial, 2002.

FREYRE, Gilberto. *Casa-grande & senzala: formação da família brasileira sob o regime da economia patriarcal*. São Paulo: Global, 2006.

_____. *Ordem e progresso*. São Paulo: Global, 2006.

_____. *Sobrados e cucambos: decadência do patriarcado e desenvolvimento do urbano*. São Paulo: Global, 2006.

GLEZER, Raquel. *Chão de terra e outros ensaios sobre São Paulo*. São Paulo: Alameda, 2007.

GUEDES, Roberto. "Ofícios mecânicos e mobilidade social: Rio de Janeiro e São Paulo (Sécs. XVII-XIX)". *Topoi*, Rio de Janeiro, v. 7, n. 13, jul./dez., p. 379-423, 2006.

HOLANDA, Sérgio Buarque de. "Movimentos da população em São Paulo no século XVIII". *Revista do Instituto de Estudos Brasileiros*, São Paulo, n. 1, p. 55-111, 1966.

_____. *Caminhos e fronteiras*. São Paulo: Companhia das Letras, 1994.

_____. "Índios e mamelucos na expansão paulista". *Anais do Museu Paulista*, São Paulo, v. 13, p. 177-290, 1949.

_____. *Raízes do Brasil*. São Paulo: Companhia das Letras, 1995.

HOMEM, J. S. Torres. "Antecedentes dos tempos coloniais". In: _____. *Annaes das guerras do Brazil com os Estados do Prata e Paraguay*. Rio de Janeiro: Imprensa Nacional, 1911, p. 3-33.

LAGO, Pedro Corrêa do. *Militão Augusto de Azevedo: São Paulo nos anos 1860*. Rio de Janeiro: Contra Capa Livraria; Editora Capivara, 2001.

LEITE, Aureliano. *História da civilização paulista*. São Paulo: Livraria Martins Editora, 1946.

LEMOS, Carlos Alberto Cerqueira. "Thebas". In: ARAÚJO, Emanoel (org.). *A mão afro-brasileira: Significado da contribuição artística e histórica*. São Paulo: Imprensa Oficial do Estado de São Paulo; Museu Afro Brasil, 2010, p. 103-109.

_____. "Organização urbana e arquitetura em São Paulo dos tempos coloniais". In: PORTA, Paula (org.). *História da cidade de São Paulo: a cidade colonial*. São Paulo: Paz e Terra, 2004, p. 145-177.

MACHADO, Alcântara. *Vida e morte do bandeirante*. São Paulo; Belo Horizonte: Editora da Universidade de São Paulo; Itatiaia, 1980.

MARCÍLIO, Maria Luiza. *Crescimento demográfico e evolução agrária paulista: 1700-1836*. São Paulo: Editora da Universidade de São Paulo, 1992.

MARINS, Paulo César Garcez. *Através da rótula: Sociedade e arquitetura no Brasil, séculos XVII a XX*. São Paulo: Humanitas; FFLCH-USP, 2001.

MARX, Murillo. *Cidade brasileira*. São Paulo: Melhoramentos; Editora da Universidade de São Paulo, 1980.

MAWE, John. *Viagens ao interior do Brasil*. São Paulo; Belo Horizonte: Edusp; Itatiaia, 1978.

MONTEIRO, John Manuel. *Negros da terra: índios e bandeirantes nas origens de São Paulo*. São Paulo: Companhia. das Letras, 2000.

MORSE, Richard M., *Formação histórica de São Paulo: de comunidade a metrópole*. São Paulo: Difusão Europeia do Livro, 1970.

MOURA, Paulo Cursino de. *São Paulo de outrora: evocações da metrópole*. São Paulo; Belo Horizonte: Editora da Universidade de São Paulo; Editora Itatiaia, 1980.

MÜLLER, Daniel Pedro. *Ensaio d'um quadro estatístico da província de São Paulo: ordenado pelas leis municipais de 11 de abril de 1836 e 10 de março de 1837*. São Paulo: Governo do Estado, 1978.

NEVES, Lúcia Maria Bastos P. "Luzes nas bibliotecas de Francisco Agostinho Gomes e Daniel Pedro Müller, dois intelectuais luso-brasileiros". In: CONGRESSO INTERNACIONAL ESPAÇO ATLÂNTICO DE ANTIGO REGIME, 2005, Lisboa. *Actas do Congresso Internacional Espaço Atlântico de Antigo Regime: Poderes e sociedades*. Lisboa: Instituto de Investigação Científica Tropical (IICT); Centro de História de Além-Mar (CHAM), Universidade Nova de Lisboa. Disponível em: <http://cvc.instituto-amoes.pt/eaar/coloquio/comunicacoes/lucia_maria_bastos_neves.pdf>. Acesso em: 20 Jun. 2010.

OLIVEIRA, Maria Luiza Ferreira de. *Entre a casa e o armazém: Relações sociais e experiência da urbanização*: São Paulo: 1850-1900. São Paulo: Alameda, 2005.

PRADO Jr. Caio. *Formação do Brasil contemporâneo: Colônia*. São Paulo: Editora Brasiliense, 1973.

_____."O fator geográfico na formação e no desenvolvimento da cidade de São Paulo". In: _____. *Evolução política do Brasil e outros estudos*. São Paulo: Editora Brasiliense, 1975, p. 93-110.

PRADO, Paulo. *Paulística etc*. São Paulo: Companhia das Letras, 2004.

PREFEITURA DO MUNICÍPIO DE SÃO PAULO. *Actas da Câmara da Cidade de São Paulo*. São Paulo: Tipografia Piratininga, a partir de 1915.

_____. *Cartas de datas de terras*. São Paulo: Est. Graph. Cruzeiro do Sul, 1937-1940, v. I-XIX.

REIS, Lysie. "Os 'homens rudes e muito honrados dos mesteres'". *Revista da Faculdade de Letras*, Porto, série I, v. IV, p. 235-259, 2005.

RENDON, José Arouche de Toledo. *Obras*. São Paulo: Governo do Estado, 1978.

RUIZ, Rafael; THEODORO, Janice. "São Paulo, de vila a vidade: A fundação, o poder público e a vida política". In: PORTA, Paula (org.), *História da cidade de São Paulo: A cidade colonial*. São Paulo: Paz e Terra, 2004, p. 69-113.

SAINT-HILAIRE, Auguste de. *Viagem à província de São Paulo*. São Paulo: Livraria Martins Fontes; Editora da Universidade de São Paulo, 1972.

SAMARA, Eni de Mesquisa. *Paleografia e fontes do período colonial brasileiro*. São Paulo: Humanitas; FFLCH-USP, 2005.

_____.*Lavoura canavieira, trabalho livre e cotidiano*. São Paulo: Editora da Universidade de São paulo, 2005.

SANT'ANNA, Nuto. *São Paulo histórico: aspectos, lendas e costumes*. São Paulo: Departamento de Cultura, 1944, v. 5, 6.

SANTOS, Amália dos. "Cartografia da população: São Paulo, 1776'. In: IX CONGRESSO BRASILEIRO DE HISTÓRIA ECONÔMICA E 10ª CONFERÊNCIA INTERNACIONAL DE HISTÓRIA DE EMPRESAS, 2011, Curitiba. *Anais do IX Congresso Brasileiro de História Econômica e 10ª Conferência Internacional de História de Empresas*. Campinas: ABPHE, 2011,1 CD-ROM.

_____. "Mapa de trocas e caminhos da cidade de São Paulo em 1798". In: ESPAÇOS NARRADOS – a construção dos múltiplos territórios da língua portuguesa, 2012, São Paulo. *Anais do seminário Espaços Narrados – a construção dos múltiplos territórios da língua portuguesa*. São Paulo: FAU-USP, 2012, 1 CD-ROM.

SANTOS, Beatriz Catão Cruz. "Irmandades, oficiais mecânicos e cidadania no Rio de Janeiro do século XVIII". *Varia História*, Belo Horizonte, v. 26, n. 43, jan./jun., p. 131-153, 2010.

SILVA, Maria Beatriz Nizza da. "São Vicente, capitania donatarial (1532-1709)". In: _____(org.). *História de São Paulo colonial*. São Paulo: UNESP, 2009, cap. 1, p. 39-45.

SPIX, J. B. von; MARTIUS, C. F. P. Von. *Viagem pelo Brasil*. Rio de Janeiro: Imprensa Nacional, 1938.

TAUNAY, Affonso de E. *História da cidade de São Paulo no século XVIII*. São Paulo: Divisão do Arquivo Histórico, 1951, v. 2.

_____.*História da cidade de São Paulo*. São Paulo: Edições Melhoramentos, 1953, v. 2.

TOLEDO, Benedito Lima de. *O real corpo de engenheiros na capitania de São Paulo*. São Paulo: João Fortes Engenharia, 1981.

_____. *São Paulo: Três cidades em um século*. São Paulo: Cosac Naify; Duas Cidades, 2004.

TORRÃO Filho, Amilcar. "Em utilidade do bem comum: Usos e conflitos do espaço público em São Paulo". *POLITEIA: Hist. e Soc.*, Vitória da Conquista, v. 6, n. 1, p. 149-175, 2006.

VILLA, Marco Antonio. *Breve história do estado de São Paulo*. São Paulo: Imprensa Oficial, 2010.

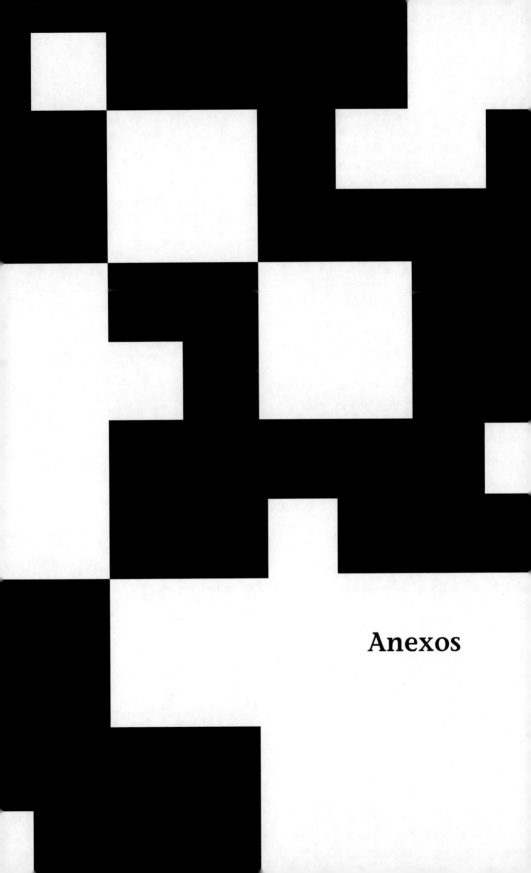

Anexos

ANEXO 1

Pedidos de datas de terra referentes à Cidade Nova, entre os anos de 1807 e 1808.

DATA INICIAL	DATA FINAL	TÍTULO	REQUERENTE	LOCALIZAÇÃO	TAMANHO SOLICITADO	TAMANHO CONCEDIDO
2/dez/1807	30/mar/1808	-	Andre da Motta de Carvalho	Rua que vai de Santa Efigenia para a Snra. Da Conçolação	vinte braças de testada Com fundos que couber no possivel por tanto	quinze braças de terras de frente, Com os fundos Competentes
3/dez/807	15/out/1808	-	José de S. Anna Lustoza	Rua nova de Santa Ifigenia que partem com terras de Ribro.	doze Braças de frente com os fundos Competentes	12 braças de terras de frente, Com os fundos Compe.
4/fev/1808	24/fev/1808	padre	Joaquim Manoel de Oliveira	ruas novas por Vossas Senhorias mandadas abrir / para a Rua das OLliveiras com seos fundos competentes the fazer frente para a travessa do Campo de Arouche para a praça de Sandi partindo de hum lado para o Campo do Arouche, e de outro com o Capitão Joze Ferreira Preste, na paragem denominada Cidade Nova	trinta braças de terras, com seos competentes fundos	dezanove braças de frente com seos competentes fundos
6/mar/1808	26/mar/1808	cônego (Segundo referência em 1813.)	Felisberto Gomes Jardim (Arcipreste da Cathedral deste Bispado)	Rua Nóva que se está abrindo extra Muros, e vizinhança desta Cide.	25 braças pouco mais ou menos de frte, com seus fundos comptes.	18 braças e meia de frente com seos fundos competentes
26/mar/1808	30/mar/1808	capitão	Francisco Compton D'Elboux	Rua nova q' se esta abrindo pela pte. de N. Snra. da Conçolação, pa. S. Efigenia	as braças de terras com seus fundos q. no acto da Vestoria Representará a V.Meces. a quantide. preciza	34 braças da da. frente digo de testada com seos fundos competentes

222 *Amália Cristovão dos Santos*

DATA INICIAL	DATA FINAL	TÍTULO	REQUERENTE	LOCALIZAÇÃO	TAMANHO SOLICITADO	TAMANHO CONCEDIDO
26/mar/1808	26/mar/1808	cônego	Joaquim Jozé Marianno	Rua nova, q' se esta abrindo	hum terreno Suficiente	18 braças e meia de testada com Seos fundos competes.
26/mar/1808	30/mar/1808	-	D. Maria Elena	Ruas novas que Se estão abrindo entre Sta. Efeginia e Sra. da Conssolação	trinta braças de terreno	16 braças de testada com seos fundos comptes.
26/mar/1808	30/mar/1808	sargento mor	Pedro da Silva Gomes	em hua das novas Ruas abertas no Caminho q'. vai pa. a Chacara do Coronel Jozé Arouxe de Toledo	hum piqueno quarteirão de terra, q'. ahy se acha com vinte, e cinco braçaz de frente	28 braças e meia de testada com seos fundos competentes
26/mar/1808	30/mar/1808	-	Manoel Joaquim Coelho	Ruas novas que vão de S. Ifigenia pa. N. S. da Consolação	trinta braças de terras de testada com os fundos que permittir a configuração do terreno	18 braças e meia de testada com seos fundos competentes
26/mar/1808	19/mai/1808	capitão	Jozé Ferreira Prestes	nas ruas novas desta Cidade	trinta braças de terras com seus competentes fundos	dezanove braças de terras de frente que fica para a Rua das Oliveiras, com seos fundos competentes, the fazer frente para a travessa do Campo do Arouche para a Praça de Sandi, partindo de um lado para a Rua de Azevedo, e de outro com o Padre Joaquim Manoel de Oliveira Castro, na paragem denominada Cidade nova
26/mar/1808	19/mai/1808	-	Dionizio Ereopagita da Motta	rua que vai para o Coronel Jozé Arouche de Tolledo, frente para a Praça de Voluntarios Reaes	húa quadra	quarenta e sete braças, e meia de frente, com seos fundos competentes
26/mar/1808	19/mai/1808	-	João Alvares	rua que segue a chacra do Coronel Jozé Arouche de Tolledo onde vive, e porque na abertura das ruas novas a que se abrio naquelle citio, foi precizo asignalar a que se demolise a propriedade do Suplicante	outro terreno para edificar sua caza de vivenda	seis braças de testada com seos fundos competentes

Em Obras 223

DATA INICIAL	DATA FINAL	TÍTULO	REQUERENTE	LOCALIZAÇÃO	TAMANHO SOLICITADO	TAMANHO CONCEDIDO
5/out/1808	16/out/1808	-	Joze Martins Vieira	rua nova que vai de Santa Efigenia para a Senhora da Consolação / denominada rua torta	hum terreno	o qual terreno tem de frente dez braças que fica para a rua que vai de Santa Efigenia para a Senhora da Consolação denominada rua torta, e quarenta e húa de fundos emthe entestar na Rua de São Joaquim, confinando de hum lado com Joaquim Gomes, e de outro lado com o Alferes Joze da Cunha Lobo
5/out/1808	16/out/1808	alferes	Joze da Cunha Lobo	rua nova que vai de Santa Efigenia para a Senhora da Consolação denominada rua torta	dito terreno procedida a vestoria no referido lugar	vinte e trez braças e meia de terras de frente, que fica na rua, que vai de Santa Efigenia para a Senhora da Consolação denominada rua torta, e quarenta e huma de fundos emthe entestar para a rua de São Joaquim, confinando de hum lado com a Datta de Joze Martins Vieira, e de outro lado confina com a Rua de São João
5/out/1808	16/out/1808	-	Antonio Joaquim Gomes	rua nova que hia de Santa Efigenia para a Senhora da Consolação denominada rua torta em augmento da mesma Cidade	oito braças de frente	o qual terreno tem de frente oito braças, que fica para a rua que vai de Santa Efigenia para a Senhora da Consolação denominada rua torta, e quarenta e huma de fundoz em the entestar na rua de São Joaquim confinando de hum lado com as terras de huns herdeiros, e de outro lado com Joze Martins Vieira
5/out/1808	06/nov/1808	ajudante	Joze da Silva Lisboa	na paragem da rua nova que hia de Santa Efigenia para a Senhora da Conçolação denominada rua torta em augmento da mesma Cidade	oito braças de testada com seos competentes fundos	o qual terreno tem de frente oito braças, que fica para a Rua que vai de Santa Efigenia para a Senhora da Consolação denominada Rua torta, e quarenta e quatro de fundos emthe entestar na Rua de São Joaquim, confinando de hum lado com Manoel Ribeiro da Silva, digo de Araujo, e de outro lado parte com Inacio Gomes Gonsalves

DATA INICIAL	DATA FINAL	TÍTULO	REQUERENTE	LOCALIZAÇÃO	TAMANHO SOLICITADO	TAMANHO CONCEDIDO
15/out/1808	24/dez/1808	-	Joze Joaquim de Santa Anna Lustoza	rua nova que hia de Santa Efigenia para a Senhora da Consolação denominada rua torta	doze braças de frente	treze braças que fica para a rua que vai de Santa Efigenia para a Senhora da Consolação denominada rua torta, e quarenta e trez de fundos em the entestar na rua de São Joaquim; confinando de um lado com Inacio Gomes Gonsalves, e de outro com a rua da Palma
15/out/1808	24/dez/1808	-	Inacio Gomes Gonçalves	rua nova que hia de Santa Efigenia para a Senhora da Consolação denominada rua torta	nove braças de frente	o qual terreno tem de frente nove braças, que fica para a rua que vai de Santa Efigenia para a Senhora da Consolação denominada Rua torta, e quarenta, e quatro de fundos emthe entestar na rua de São Joaquim, confinando de um lado com o ajudante Joze Joaquim digo Joze da Silva Lisboa, e de outro lado com Joze Joaquim da Santa Anna Lustoza
15/out/1808	24/dez/1808	-	Manoel Ribeiro do Araujo	rua nova que hia de Santa Efigenia para a Senhora da Conçolação denominada rua torta, em augmento da mesma Cidade	dez braças de frente	o qual terreno tem de frente dez braças que fica para a rua que vai de Santa Efigenia para a Senhora da conçolação denominada rua torta, e quarenta e sinco de fundos emthe entestar na rua de São Joaquim confinando de hum lado com a rua de São João, e de outro lado com o Ajudante Joze da Silva Lisboa

NEXO 2

Pedidos de datas de terra na porção sul da cidade, entre os anos de 1808 e 1811.

ATA INICIAL	DATA FINAL	TÍTULO	REQUERENTE	LOCALIZAÇÃO	TAMANHO SOLICITADO	TAMANHO CONCEDIDO
5/jun/1808	20/ago/1808	-	João Joze de Jezus	estrada que vai para a Villa de Santos	-	oitenta braças de terra de frente [...] e vinte e oito braças de fundo
3/set/1808	25/set/1808	-	Manoel Monteiro	Estrada denominada Caminho do Carro defronte a Caza da Polvora	-	dezasette braças e meia de terras de frente [...] e trinta e trez braças de fundo
6/dez/1809	15dez/1809	-	Joaquim Joze de Oliveira	estrada de Carro defronte a Caza da Polvora	-	trinta braças de terra de frente [...] e trinta braças e meia de fundos
2/jun/1810	15/jun/1810	coronel	Francisco Pinto Ferraz	Estrada do Carro defronte a Caza da Polvora	-	sessenta e sette braças e dois palmos de terras defrente [...] e quarenta e quatro braças de fundos
1/set/1810	03/set/1810	-	João Joze Antunes	camo. do Carro no Campo da Polvora	-	quarenta e quatro braças e seis palmo de frente [...] e trinta e nove braças e dois palmos de fundos
1/set/1810	03/set/1810	-	Feliciana de Medeiros (preta forra casada com o escravo Sebastião, de Joze Rodrigues Cardim)	estrada que vai para a Chacra da Gloria da parte de sima, e aquem do Rio Lavapéz	-	dez braças de frente [...] e vinte braças de fundos
6/jan/1811	16/jan/1811	capitão	João Joze de Medeiros	Camo. Do Carro na paragem chamada Guaiabal	-	terras de frente de cincoenta e sette braças [...] e quarenta e cinco de fundos
9/jan/1811	19/jan/1811	capitão	João Joze de Medeiros	estrada que vai desta Cide. pa. a Va. de Stos.	-	trinta e huma braças de terras de frente [...] e dez braças de fundos

Agradecimentos

Desde a elaboração do projeto de pesquisa que resultou neste livro, pude trabalhar com a liberdade necessária para o amadurecimento de qualquer pesquisador. Minhas reflexões – não apenas, mas especialmente com relação ao objeto de estudo – foram animadas, complementadas e transformadas pela atenção precisa de minha orientadora, sem limitarem-se aos capítulos aqui publicados. Por esses motivos, pela seriedade e pelo cuidado com o trabalho, agradeço à professora Ana Lúcia Duarte Lanna.

As bancas de qualificação e defesa foram, sem dúvida, momentos essenciais para a formulação e revisão da dissertação que resultou neste livro. Assim sendo, é indispensável reconhecer as contribuições das professoras Maria Aparecida de Menezes Borrego, Beatriz Piccolotto Siqueira Bueno e Maria Luiza Ferreira de Oliveira, pelas quais sou muitíssimo grata.

Desde a feitura do meu trabalho final de graduação, nos esporádicos encontros pelos corredores da faculdade, meu então orientador, o professor Minoru Naruto, sempre pergunta entusiasticamente pela data de publicação daquele agora distante trabalho. A ele, é mandatório agradecer pelo que me ensinou, sobre ser estudante e docente.

Agradeço à Fapesp pelo apoio para a realização das atividades regulares da pesquisa bem como para esta publicação.

Sou grata à paciência dos funcionários das bibliotecas das diversas unidades da Universidade de São Paulo que frequentei durante os anos de pesquisa e que auxiliaram na localização de livros cujo último empréstimo datava, por vezes, de décadas atrás. Boa parte da minha pesquisa foi realizada ainda no Arquivo Histórico Municipal Washington Luís e no Arquivo Público do Estado de São Paulo, contando com o domínio do acervo de seus funcionários, sempre prestativos.

Não por praxe, agradeço aos meus primeiros orientadores, Raul e Sylvia, que me deram espaço – e continuam dando – para os desvios, as paradas e cada peculiaridade do caminho que venho percorrendo. Como se não bastasse, ainda me deram a companhia mais sincera: Cá, Pê e Bá, vocês são a essência da minha formação.

Por fim, é um prazer agradecer àqueles que pude escolher, já adulta, como minha sina, minha família e meus amigos de infância, aqueles que certamente desfrutaram deste momento, com alegria, ao meu lado. Cainã, você foi novo e velho nessa lista – e assim é, mais uma vez.

Esta obra foi impressa em São Paulo na Renovagraf na primavera de 2016. No texto, foi utilizada a fonte Adobe Caslon em corpo 10,5 e entrelinha de 17 pontos.